안무법

즉흥을 활용한 기본적 접근

안무법 CHOREOGRAPHY
즉흥을 활용한 기본적 접근

산드라 커니 민튼 저
정옥조 역

한국학술정보

성공적인 무용작품을 만들어 내기 위해서는 작품의 모든 부분이 잘 어우러지면서 그 조합이 관객과 교감을 이루어야 한다.

안무는 무용예술 형식에서 찾을 수 있는 무한한 다양성을 발견함으로써 동작이 창조되는 기쁨을 경험케 한다. 동시에 이 책에 있는 정보가 일상생활 속의 동작에서 발견할 수 있는 그 미묘함에 대해 자각할 수 있도록 하여, 새로운 작업 시 창의력을 향상시킬 수 있는 도구가 되기를 바란다.

본 저자는 안무와 연출에 관한 수년간의 경험을 바탕으로 이 책을 저술하였다. 이 책은 안무의 기초를 다루고 있으며, 움직임 발견 과정을 통해 창작을 시작할 수 있도록 도와줄 것이다. 초판은 동작의 형태와 동작의 발견에 대해 주로 다루었다면, 이번 판에서는 즉각적으로 움직임을 하나의 형태로 형상화하는 것에서 더 나아가 창작 과정의 자유로움에 대해 다루었다.

이 책은 전체적으로 수직적인 구조를 띠고 있지만 창작 과정은 순환적인 구조를 띤다. 창작 과정을 통해 발견하는 움직임들은 안무의 기술과 형식에 대한 지식을 형성하게 되며, 점차 향상된 통찰력을 바탕으로 안무의 소재들을 다듬어가며 작품을 완성할 수 있게 된다. 이 과정은 다른 안무 작품을 많이 관찰하고 연습함으로써 점차 쉬워질 것이다. 이 책은 독자들이 완성된 안무를 가능한 한 많이 관찰하고 그것에 대해 기록할 수 있도록 하는 연습의 기회를 제공한다. 또한 무용창작 과정에서의 안무 아이디어와 동작에 관련된 소재들을 모두 기록하기를 권한다. Lavender(1996)에 따르면, 기록하는 것은 안무를 배우는 데 있어서 중요한 부분을 차지한다고 하였다. 이것은 안무에 대해 단순히 즉흥적으로 논의하는 것이 아니라 보다 넓은 관점과 명료한 사고력을 갖게 할 것이다.

Sandra C. Minton

·역자의 말·

어느 날 연구실 서가 한편에 꽂혀 있던 원고가 눈에 띄었다. 꽤 오래전에 완성해 둔『안무법』번역 초고였다. 이미 완성된 초고여서 출간에 큰 어려움은 없을 것이란 생각으로 원고를 정리하던 중 지나간 시간만큼 새로 보완된 내용들이 적지 않다는 것을 알게 되었다. 원서는 1986년 초판에 이어 1997년에 재판, 2007년에 세 번째 출간이 되었다. 필자는 오래전에 번역을 끝낸『안무법』초판을 참고로 Human Kinetics와의 계약을 통해 최신판인 3rd edition 번역서를 출간하게 되었다. 이 책은 저자 Sandra C. Minton의 풍부한 현장경험과 탄탄한 이론을 바탕으로 안무법에 대해 체계적으로 설명하고 있다.

특히 최신판은 멀티미디어 기술과 안무의 상관성, 안무 과정에서 중요시되는 움직임 탐구와 즉흥의 활용, 무용의 구성과 형태를 기초로 한 움직임 변형, 안무의 형식과 의도를 반영하여 형상화시키는 작업 등, 공연 연출과 최종 제작에 관한 내용을 상세히 기술하고 있다. 또한 선명도가 떨어지는 사진들은 대부분 재촬영한 것으로 수록되었으며, 그 외 새로운 사진과 도식들이 추가되었다. 부록에 수록된 안무 평가서나 공연 준비 목록, 조명디자인 계획안에 관한 서식들은 안무과정에서 유용하게 활용될 것이다. 이 책을 통해 안무과정에서 흔히 접하게 되는 문제들을 쉽게 해결하고, 안무법에 대한 이해의 폭과 깊이를 더해나갈 수 있기를 기대한다.

이 책은 가능한 한 원의(原義)를 손상시키지 않은 범위 내에서 최대한 독자들이 쉽고 정확하게 이해할 수 있도록 번역하는 데 중점을 두었다. 이 책을 번역하는 동안 안무법에 관한 여러 이론에 새삼 공감하게 되었는데, 독자들 또한 같은 경험을 하게 되기를 바란다. 끝으로 이 책의 출간을 맡아주신 한국학술정보(주) 사장님과 편집에 도움주신 여러분의 노고에 진심으로 감사드린다.

2013년 10월 연구실에서

정옥조

·차례·

제1장
움직임 탐구와 즉흥

제1장
움직임 탐구와 즉흥

무용은 사람들을 즐겁게 하고 서로 소통하게 하며 영감을 줄 수 있다는 점에서 경이롭다. 그것은 안무가가 창작 과정을 통해 이전의 빈 공간에 활기를 북돋아 주고, 생동감을 불어넣어 주기 때문이다.

즉흥을 통해 적절한 움직임을 발견하는 것 또한 안무 과정의 중요한 부분이다.

제1장은 동기부여가 되는 아이디어나 특정한 의미를 표현하는 움직임들을 발견하는 안무 과정의 초기 단계에 대해 소개한다. 가령 가을을 표현하는 무용 창작에 관심이 있다고 하자. 이 프로젝트를 시작하기 위해서는 가을에 관한 시들을 읽을 수 있고, 가을 시즌 동안 찍었던 사진들을 찾아볼 수도 있다. 또한 가을에 공원이나 숲을 두루 걸을 수도 있다. 이러한 모든 활동들은 가을에 대한 자신의 감정에 몰입하는 데 도움이 된다. 가을 시즌에 대해 모여진 이 모든 감정들은 가을과 연관된 의미들을 형성한다. 이와 같은 것들은 움직임을 통하여 소통을 시도하려 했던 감정들이다.

창작 과정은 가능한 많은 움직임들을 발견하기 위해서 중요하기 때문에, 안무의 초반에는 확산적 사고가 수반되어야 한다. 이 장에서는 창작 과정과 더불어 휴식 및 집중과 같이 창작력을 향상시키기 위한 제안들까지도 다루었다. 또한 탐구와 즉흥에 관한 분석, 그리고 안무자가 발견한 움직임을 적용할 수 있는 방법, 탐구와 즉흥의 진행에 대한 상세한 예시를 수록하였다. 그 외 즉흥 과정 동안 겪을 수 있는 문제에 대처하는 방법, 여러 움직임 요소들을 조화롭게 구성하는 방법, 무용작품과 어울리는 적절한 음악을 선택하는 방법에 대해서도 소개하였다.

제1절 무용창작 과정

안무는 그와 관련된 지식뿐만 아니라 훈련이 요구되는 창작 과정이다. 창의적인 작업은 한때 특정한 사람들만이 만들어 낼 수 있는 능력을 통해 이루어진다는 견해가 있었다. 그러나 오늘날 우리는 사람들마다 창작 작업을 할 수 있는 각자의 능력이 다를지라도, 누구나 창의적이 되는 것을 즐길 수 있다는 것을 알게 되었다.

창작 작업을 하는 사람들은 흥미나 호기심을 불러일으키는 방식으로 주제에 몰입하게 된다. 주제로의 몰입은 의식적 과정뿐만 아니라 무의식적 과정일 수도 있다.

무용창작 과정에는 네 가지 단계가 있다. 그러나 무용은 끊임없이 진화하는 창의적 노력이 되어야 하기 때문에, 안무에 있어 가장 중요한 부분은 그 단계들이 유동적일 수 있으며 종종 재검토되어져야만 한다.

1. 영감의 관찰(Observation of an inspiration): 안무가는 어떤 것, 예를 들면 무용을 위한 아이디어를 불러일으키는 사물, 생각 혹은 사건을 인식한다. 무엇이든지 안무에 영감을 줄 수 있다.

2. 감정적 반응(Feeling response): 안무가는 춤을 통해 영감을 표현하고 싶다는 반응을 인지한다.

3. 기억+상상=움직임(Memories+imagination=movement): 안무가는 기억과 상상으로부터 무용에 활용될 수 있는 즉흥적 움직임을 발견해낸다.

4. 무용+시각디자인(Dance+visual design): 안무가는 의상, 조명, 소도구의 선택 및 기술과 같은 시각디자인 요소들로 무용을 향상시킨다.

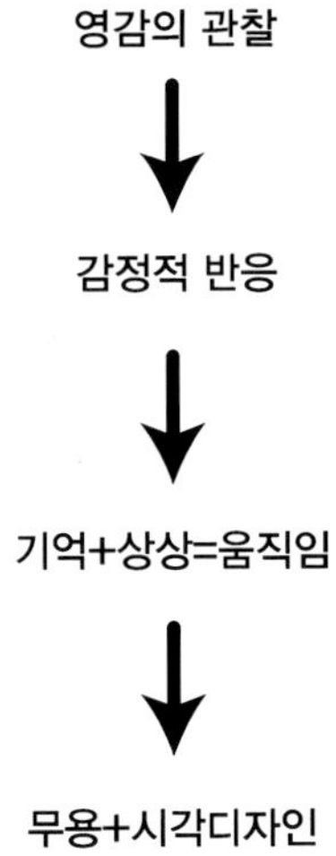

영감의 관찰

↓

감정적 반응

↓

기억+상상=움직임

↓

무용+시각디자인

그림 1.1 무용창작 과정의 순차적 모형

그림 1.1은 무용창작 과정의 순차적 모형을 나타낸다. 이 모형을 통해, 안무가는 가장 먼저 무용에 관한 자신의 영감을 주의

깊게 관찰해야 한다. 관찰 후, 안무가는 영감에 대한 반응을 하게 된다. 이 반응은 순차적으로 이미지와 상상력으로 결합되거나 움직임으로 변형된다. 이러한 움직임들은 나중에 공감할 수 있는 무용작품으로 만들어질 수 있다.

그림 1.2는 무용창작 과정의 창의적 모형을 나타낸다. 창의적 모형은 무용창작 과정에 필요한 순환 과정을 허용하기 때문에 순차적 모형보다 더 현실적이다.

그 과정에서 안무가는 유동적으로 창작 작업을 행하여야 한다. 또한 새로운 감정은 작품이 창작되어지기 위한 새로운 방향을 제시하기도 한다(Csikszentmihalyi, 1997). 안무가는 새로운 움직임을 발견해나가면서, 다른 방향이나 형식을 갖는 무용작품을 만들어 가기 위해 영감에 대한 감정을 더하게 된다.

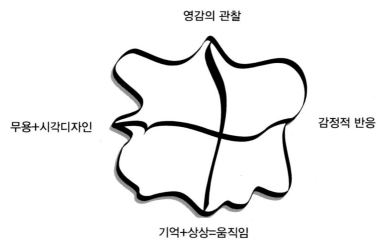

그림 1.2 무용창작 과정의 창의적 모형

제2절 관찰과 감정적 반응

안무를 시작하기 전, 안무가는 무용창작 과정 동안 자신을 이끌어 갈 수 있는 영감 혹은 의도를 발견할 필요가 있다. 안무가는 반드시 이러한 영감을 관찰해야 하고 그에 대한 감정적 반응을 느껴야만 한다. 이것은 또한 창작 작업을 구상하거나 해결해야 할 문제의 범위, 분량, 규모를 결정해야 할 때에도 마찬가지이다. 안무과정의 첫 단계에서는 많은 영감 중 하나를 자유롭게 선택한다. 예를 들어 만약 어떤 그림을 바탕으로 하여 무용을 창작하기로 결정했다면, 다양한 관점에서 그 그림을 관찰하고 그림에 대한 자신의 감정을 평가해야 할 필요가 있다. 그러한 문제를 해결하기 위해서는 그 그림에 대한 관찰과 감정으로 움직임을 포착해야 한다. 만약 음악의 어떤 특정한 부분을 안무를 위해 선택했을 경우, 창작 과정에서 음악에 대해 관찰하거나 몰입해야 한다. 그리고 악보의 여러 가지 특성과 강약법을 정확하게 해석해야 할 뿐만 아니라, 그에 대한 감정적 반응을 의식하면서 움직임을 찾아내야 한다. 사람의 제스처(gesture)에 기반을 둔 안무의 경우, 선택된 제스처를 관찰하고 탐구하여 다양하게 변화시킬 수 있어야 한다. 마찬가지로 감정에 기반을 두고 창작되는 무용은 그러한 감정에 대한 관찰과 탐구를 통해 감정의 느낌을 잘 담아내야 한다. 안무가는 시작 단계에서의 영감이나 동기를 인지하고 있어야 한다. 보편적으로 준비 단계에서는 안무의 시작을 위해 여러 가지 자료들을 수집하게 된다. 영감은 시각적, 청각적, 촉각적 혹은 운동감각적일 수 있다. 다양한 유형의 소도구와 이미지는 즉흥적 경험을 풍부하게 하는 데 도움을 줄 수 있다. 영감과 동기에 대한 각 유형별 예는 다음과 같다.

◆ 영감과 동기부여

1. 시각(Visual)

- 잡지와 서적에 실린 사진들
- 여러 가지 모양으로 오려진 색종이
- 다양한 선의 형태들, 예를 들면 부채꼴(scallops), 지그재그형(zigzags), 나선형(spirals) 혹은 여러가지 형태들의 혼합
- 시각적으로 관심을 끄는 자연물, 예를 들면 조개껍질(shells), 솔방울(pinecones), 낙엽(leaves) 혹은 불가사리(starfish)

2. 청각(Auditory)

- 현대음악(modern music) 혹은 전자음악(electronic music)
- 드럼(drums), 심벌즈(cymbals), 종(bells), 탬버린(tambourines) 혹은 다른 악기들을 이용하여 현장에서 실제로 연주된 음악
- 신체로 낼 수 있는 소리들, 예를 들면 손바닥으로 두드리기(slapping), 박수치기(clapping), 손가락 튕기기(snapping the fingers), 혹은 발구르기(stamping the feet)
- 목으로 낼 수 있는 소리들, 예를 들면 쉿하는 소리(hissing), 혀를 차는 소리(clacking the tongue) 혹은 휘파람소리(whistling)
- 무의미한 부호(nonsense syllables), 단어(words), 시(poetry) 또는 산문(prose)으로 된 구절
- 운동감각적 특질을 가지고 있는 단어들(Ellfeldt 1967), 예를 들면 스며나오고(ooze), 녹고(melt), 치솟고(soar), 붕괴되고(collapse) 또는 쏜살같이 움직이는 것(dart)

3. 촉각(Tactile)

- 접촉에 따라 흥미로운 촉감을 지닌 사물들, 예를 들면 부드러움(furry), 끈적끈적함(slimy), 미끄러움(slippery), 날카로움(sharp), 혹은 포근함(soft)
- 흥미로운 촉감을 가진 자연물
- 촉감과 공간 탐구의 대상이 되는 사물들, 예를 들면 의자, 큰 상자의 내부, 혹은 댄스 스튜디오의 구석

4. 운동감각(Kinesthetic)

- 걷기(walking), 뛰기(running), 들기(lifting) 그리고 떨어지기(falling) 등의 일상적 움직임.
- 손짓(waving), 경례(saluting), 악수(shaking hands) 등의 일상적 행동

- 축을 이루는 움직임[비이동 움직임(nonlocomotor movements)], 예를 들면 뻗치기(reaching), 늘리기(stretching), 밀기(push-ing), 끌어당기기(pulling), 휘두르기(swinging), 흔들기(swaying), 구부리기(bending), 곧게 펴기(straightening) 그리고 제자리에서 회전하기(turning in place)
- 이동 움직임(locomotor movements), 예를 들면 러닝(running), 호핑(hopping), 점핑(jumping), 리핑(leaping), 스키핑(skipping), 슬라이딩(sliding), 갤러핑(galloping), 터닝(turning)
- 무용 수업에서 배운 여러 움직임들의 결합

5. 소도구(Props)

- 다양한 길이와 품의 망토와 스커트, 의상실 또는 집에서 가져온 여러 종류의 의상들
- 다양한 방식으로 몸에 걸치는 천 조각들
- 다양한 색상의 고리들
- 아이들의 체육수업에 활용되는 스쿠터(scooters)
- 다양한 길이와 두께의 스틱이나 장대(그림 1.3 참고)
- 여러 방향으로 늘어나는 탄성 밴드(elastic bands)(그림 1.4 참고); 탄성 밴드는 적어도 2인치의 넓이와 무용수의 몸을 둘러서 감을 수 있고 테두리를 형성할 수 있을 정도의 충분한 길이가 필요하다.
- 무용수의 몸을 덮어씌울 수 있는 탄성 자루옷(elasticized sacks)(그림 1.5 참고); 이러한 자루옷은 다양한 형태로 당겨지거나 늘어날 수 있어야 한다.
- 무용수의 움직임에 따라 공간을 창의적으로 디자인하기 위한 다양한 길이의 스카프와 장식 리본

6. 멀티미디어(Multimedia)

- 슬라이드

- 파워포인트 영상

- 컴퓨터 그래픽 영상

- 비디오 영상

- 모션 캡쳐를 이용한 이미지들

- 인터넷으로 전송한 이미지들

7. 이미지(Imagery)

- 무대배경(scenery), 예를 들면 산, 호수, 평야

- 신체의 감각(body feelings), 따뜻하고 편안한 침대 매트리스 위에 누워 있는 느낌 또는 뜨거운 보도에 발을 디디는 느낌을 표현할 수 있는 것.

- 극적인 상황(dramatic situations), 누군가에게 쫓기고 있는 상황 또는 캄캄한 방을 가로질러 길을 찾아야 하는 상황을 꾸며내는 것

- 색다른 환경(unusual environments), 스위스 치즈 덩어리 안에 있다든지 또는 피아노 안에 있는 것과 같은 환경(Hanstein, 1980).

그림 1.3 스쿠터와 스틱을 소도구로 활용하고 있는 무용수들

그림 1.4 공간을 창의적으로 디자인하기 위한 탄성 밴드의 활용. Nikolais Dance Theatre의 <*Tensile Involvement*>.

그림 1.5 여러 방향으로 당겨지거나 늘어날 수 있는 탄성 자루옷 의상의 예. Nikolais Dance Theatre의 <*Sanctum*>.

이미지는 기억과 과거의 경험에 의존하며, 무용수는 그러한 기억들과 관련된 영감으로 다양한 이미지들을 활용할 수 있다. 따라서 즉흥을 위해 활용된 이미지는 그 즉흥공연에 관계되어 있는 사람들에게 의미 있는 것이 되어야 한다. 예를 들면 만약 안무자가 바닷가나 산에서 보낸 시간이 조금밖에 없다면, 그러한 이미지들을 연결시키는 것이 어려울 것이다. 대신, 이런 경우 자신의 경험으로부터 우러나오는 이미지를 선택해야 한다. 나는 시카고(Chicago)에서 자랐다. 나는 가족과 함께 미시간 호수(Lake Michigan)의 남쪽 해안에서 자주 주말을 보내곤 했다. 아직도 그때의 이미지들이 내 마음속에 남아있다; 해안에 밀려드는 파도, 모래의 색과 감촉, 그리고 언덕 위에 높이 자라있는 흐릿한 녹색의 식물. 나는 우리가 담요 위에 앉아서 먹었던 샌드위치의 맛과 식감, 맨발에 닿는 뜨거운 한낮 모래의 까끌까끌하고 지글거리는 느낌, 그런 날에 몸속으로 스며드는 편안한 느낌까지도 기억한다.

또한 이미지는 상당히 다양할 수 있다. 활용하기 쉽고 동기를 부여하는 이미지(motivating images)를 선택하라. 예를 들면 만약 안무자가 사진이나 다이어그램을 좋아한다면 시각적 이미지(visual images)를 활용하면 되고, 몸의 감각을 조절하는 것이 쉽다고 생각한다면 운동감각적 이미지(kinesthetic images)를 활용하면 되는 것이다. 표 1.1은 다양한 유형의 이미지에 대해 보다 자세한 설명을 제시하고 있다.

표 1.1 이미지의 유형

이미지의 유형	정의	예시
시각적 이미지 Visual[a]	마음속의 그림과 같은 이미지	신체가 별처럼 보이도록 시각화하라
운동감각적 이미지 Kinesthetic[a]	신체 감각. 신체가 느끼는 이미지	뜨거운 보도 위에 발이 닿는 느낌을 상상하라
직접적 이미지 Direct[b]	정신적 연습(mental rehearsal). 마음속의 특별한 움직임을 보는 것과 유사한 이미지	스스로 도약하는 것을 시각화하라
간접적 이미지 Indirect[c]	움직임에 대한 은유. 신체의 외부에 존재하는 이미지	땅에 굴러다니는 마른 잎과 같이 움직여라

특수한 이미지 Specific[d]	신체의 특정 부분에 집중된 이미지	한쪽 팔을 들고 그 팔의 무게에 집중하라
전체적 이미지 Global[d]	전신을 포함하는 전체적인 이미지	몸 전체가 투명하다고 상상해 보라

a: Paivio 1971. b: Overby 1990. c: Studd 1983. d: Hanrahan and Salmela 1990.

안무가에게 있어 준비단계는 여러 가지를 의미한다. 첫째, 무용을 창작하는 과정은 충동적인 움직임에 반응할 수 있도록 신체의 의식과 감성을 일깨우게 된다. 충동적인 움직임은 창의적인 작품을 위한 영감과 관련이 있다. 신체 움직임을 조절하는 능력은 높은 수준의 무용 테크닉을 갖추고 있다는 것과는 다르다는 것을 명심하라. 오히려 그것은 각각의 움직임과 관련된 운동감각적 느낌이나 시각적 이미지를 인지하는 것과 관련이 있다.

고도의 신체 지각력을 가진 무용수들은—우수한 테크닉을 가지는 것과는 다른 능력으로—자유자재로 다재다능하게 움직임을 구사할 수 있다. 테크닉 그 자체는 창작에 있어 방해가 될 수도 있다. 왜냐하면 안무가가 참신한 관점으로 새로운 동작을 발견하게 하기보다는 테크닉에 대해 생각하도록 만들 수 있기 때문이다. 작품 의도에 맞는 독특한 동작들을 발견하기 위해서는 테크닉의 범위를 뛰어넘어야만 한다.

또한 안무 준비는 안무의 기술에 대해 배우는 것도 포함한다. 안무 기술은 다음과 같은 요소들을 포함한다.

- 무대 공간의 활용에 대해 이해하는 것
- 무용수들 간에 관계성(relationship)을 가지고 작업하는 것
- 움직임의 변형을 활용하는 것

중요한 점은 기술이 창작을 방해하지 않도록 하는 것이다. 만약 안무를 할 때 전적으로 기술에만 의존한다면, 독창적인 움직임을 발견하는 데 어려움을 겪게 될지도 모른다.

◆ 아이디어 연구하기

아이디어 연구는 안무를 준비하는 또 하나의 방법이다. 안무에 관한 아이디어 연구는 다양한 형식을 갖는다.

- 음악의 형식과 전개에 대해 분석하기
- 무용수의 움직임 스타일과 기량 파악하기
- 무용 작품의 주제에 관한 배경지식 공부하기
- 역사와 철학에 관해 배우기
- 예술사조 비교하기, 예를 들면 사실주의(Realism), 입체주의(Cubism), 표현주의(Expressionism)

아이디어 연구를 통해 안무가는 창작을 시작할 수 있고 그것을 전개시켜 나갈 수 있다.

◆ 기술 익히기: 안무 연구

1. 안무가는 반주음악을 많이 들어 보아야 하며, 반주음악의 구조를 잘 이해하고 있어야 한다. 예를 들면 음악이 최고조에 이른 다음 갑작스럽게 결말에 이르는 형식으로 구성되었는지, 또는 서서히 끝나는 형식으로 구성되었는지, 그 음악으로 인해 유발되는 감정의 변화를 주시해야 한다.

2. 미리 계획한 안무 스타일에 적절한 음악인지 아닌지를 결정하라. 반주음악의 적절성 여부를 결정하기 위해서는 작품의도와 계획된 춤 스타일에 대해 매우 명확해야 할 필요가 있으며, 움직임의 분위기와 어울리는 음악을 선택해야 할 필요가 있다. 일반적으로 은은하게 흐르는 듯한 음악은 부드럽고 서정적인 움직임을 동반하기 위해 활용되어지는 반면, 타악 연주는 강하고 역동적인 스타

일을 연출하는 움직임을 보완하기 위해 활용된다. 그러나 안무 스타일과 분위기에 대조되는 음악을 선택할 수도 있다.

3. 대부분의 무용작품들은 등장인물이나 일련의 사건을 내포한다. 음악적 형식 및 전개가 무용의 시각적 전개에 적절한지 아닌지를 결정하기 위해서 음악을 들어라.

4. 즉흥 작업을 통해 무용수들의 움직임을 주시하는 시간을 가져야 한다. 무용수들이 선호하는 움직임 스타일, 그리고 잘 숙련된 특정한 움직임과 같은 요소들을 관찰하라.

5. 무용수들이 어떻게 움직이는지 분석한 후에, 특정 무용수를 어디에 배치시키는 것이 가장 좋을지, 또는 독특한 역할은 어떤 무용수가 맡는 것이 좋을지를 안무가적 관점에서 결정해야 한다.

6. 무용작품의 한 부분 혹은 여러 부분에서 무용수들의 기량을 돋보이게 할 수 있을지 없을지를 판단하라. 비록 무용작품의 일부일지라도 안무 과정에서 무용수가 가진 재능을 정교화(elaboration)시킬 필요가 있다.

7. 음악의 전개와 무용작품의 시각적 전개 사이의 적절한 관계, 무용수들의 움직임에 대해 기록된 일지를 보관하라. 어떤 경우에는 움직임이나 무용수들 사이의 관계 그리고 또 다른 영감의 순간을 기억하는 데 도움이 되기 위해서 그림이나 도면을 사용할 수도 있다. 아이디어를 기록하여 보관하는 것은 추후 안무 작업에서 그것들을 회상하는 데 도움이 될 수 있다.

8. 무용 작품의 주제에 관한 배경지식에는 다음과 같은 것들이 포함될 수 있다.
   - 역사적 사건이나 일화
   - 유명 인물에 관한 정보
   - 특정한 문화를 형성하고 있는 집단에 관련된 이야기
   - 중요한 예술적 경향 또는 형식에 대한 설명, 예를 들면 음악에서의 블루스(Blues), 시각예술에서의 인상주의(Impressionism), 또는 고대 그리스의 무용형식(ancient Greeks)

9. 배경지식을 조사할 때에는 자세히 기록하라. 나중에 어떤 요소들이 작품에 가장 용이하게 적용될 수 있는지를 결정하기 위해 그것들을 검토할 수 있을 것이다. 기록된 자료는 등장인물 또는 사건, 구성 요소들, 그리고 아이디어를 압축하는 데 있어 매우 유용하다.

10. 마지막으로, 그것들 중 어떤 것이 작품의 분위기나 스타일에 기여할 수 있는지를 결정하기 위해, 대중매체와 컴퓨터 기술의 다양한 형태를 연구할 수도 있다. 예를 들면 역사적 사건에 근거를 둔 무용작품이라면 배경막에 그 역사적 시대의 이미지들을 투영할 수 있다. 또한 강조하고자 하는 메시지를 컴퓨터 기술을 사용하여 이미지 또는 구문으로 제작하고 작품에 반영할 수도 있다.

◆ 계획 단계에서 아이디어 수용하기

작품에 대해 약간의 이해를 얻고 또 평가하기 위하여 안무를 잠시 보류하려 할 때, 그것은 계획 단계에서 중단될 수 있다. 안무를 잠시 보류하는 것은 창작작업을 위한 잠재의식(subconscious)을 수용하며, 무언가 막혀 있는 느낌에서 실마리를 찾고자 할 때 특별히 도움이 될 수 있다. 하루나 이틀 후에 창의적인 과제로 돌아왔을 때, 새로운 움직임에 대한 아이디어가 갑자기 떠오를 수도 있다. 창작 과정에서의 계획 단계는 안무자의 관점이 변화하는 것을 수용한다.

제3절 움직임의 발견

안무에서 창작 활동의 첫 단계는 자신의 무용작품을 위한 움직임의 발견이다. 그것은 이 단계에서 움직임에 대한 아이디어와 가능성을 불러일으킨다. 작품에 적절한 움직임은 즉흥작업을 통해 발견되는 경우가 많다. 즉흥을 하는 동안 안무가는 영감이나 작품의 의도에 집중하면서 자연스럽게 움직인다. 어떤 상황에서는 무용수가 안무가의 제안을 받아들여 즉흥적으로 춤을 추면, 그 다음에 안무가는 어떠한 움직임 또는 프레이즈를 무용에 포함시킬지를 결정한다. 탐구와 즉흥에 대한 논의로 넘어가기 전에, 여러분은 창작 과정의 한 부분으로서 집중과 이완의 유용성에 대해 익숙해져야만 한다.

◆ 집중과 이완

안무가는 창의력을 향상시키기 위해 여러 가지 노력을 할 수 있다. 첫 번째는 집중력을 발달시킴으로써, 마음(mind)과 신체(body) 사이의 연결고리를 강화하는 것이다. 이는 보다 나은 집중력을 통해 즉흥 과정 동안 떠오른 움직임들을 발견하고 상기하는 데 도움이 될 것이다.

런던에 소재하고 있는 영국왕립연극학교(Royal Academy of Dramatic Arts: RADA)의 지도자인 Lorna Marshall(2002)은 어떤 형태의 공연에서든지 무용수의 관심을 몸에 완전히 집중시키는 것이 필수적이라고 하였다. 관심을 몸에 완전히 집중시킬 수 있다는 것은 습관적인 움직임과 자세에서 벗어나, 순간순간마다 몸에 어떤 일이 일어나고 있는지에 집중하는 것을 의미한다. 또한 이것은 즉흥적인 상황에서 각 움직임의 운동감각적 느낌(kinesthetic feeling)과 주변 상황 및 그 공간을 공유하는 다른 무용수들을 인지하는 동안 수반되어 나타나는 어떤 시각적 이미지에 집중하는 것을 배워야 함을 의미한다.

집중하는 것은 긴장을 완화시키는 능력에 의해 향상된다. 심리치료사 Eric Maisel(1995)은 사람들이 창작을 하는 동안 생겨나는 불안감을 해결하는 데 도움이 되는 몇 가지 이완 운동(relaxation exercises)에 대해 설명하였다. 한 가지 기법은 폐가 완전히 비었다고 느낄 때까지 천천히 숨을 내쉰 다음, 호흡의 흡입 단계가 자연적으로 이루어지도록 하는 것이다. 또 다른 기법은 팔과 다리가 무거워지고, 손끝을 통해서 몸 밖으로 긴장(tension)이 빠져 나가는 것을 상상하는 것이다. 여러 유형의 창작가들을 연구한 David Ulrich는 가끔은 정적(stillness)이 흐르는 상태를 가정함으로써 창작 과정으로부터 한걸음 물러나 있을 필요성과, 정적이 흐르는 상태에 이르기 위해 명상법을 배울 것을 권했다.

스트레스 해소에는 이완 기법(relaxation techniques)을 사용하는 것이 효과적이다. Edmund Jacobson은 점진적 이완법(progressive relaxation)이라 불리는 체계를 고안하였다. 그 논리는 신체의 긴장에 대해 민감하지 않는 사람들의 경우 이러한 긴장이 축적되는 것을 내버려 두게 되고, 시간이 지나면서 그러한 신체는 축적된 강도를 인식하지 못하며 긴장에 익숙해진다는 것이다. 점진적 이완법은 손과 같은 신체의 부분을 긴장시키거나, 주먹을 쥐어 팔뚝의 긴장을 인지하는 것과 연관되어 있다. 여러분은 의식적으로 근육의 긴장을 경험한 후, 다시 긴장을 이완하고 긴장 상태의 느낌과 이완상태의 느낌을 비교하게 될 것이다(Robertson, 2000).

창작 작업의 대가들은 성공적인 창작을 위해 양립할 수 있는 마음 상태에 대해 논의한다. 이 상태는 의식(conscious)과 잠재의식(subconscious)의 사이에 있으며, 공상(daydreaming)에 잠겼을 때 일어난다. Harold Rugg(1963)는 창작은 마음의 경계와 긴장을 풀고, 주어진 창작 작업과 관련된 메시지나 아이디어를 받아들이는 정신적 상태의 한계점을 발견하게 된다고 하였다. 다시 말해서 안무자의 마음이 의식 상태와 잠재의식 상태 사이를 배회하고, 몸이 완전히 이완되는 상태에 도달할 필요가 있다는 것이다. 그러나 창작 작업에서 창의적 활동을 진전시켜 나가는 데 있어 어느 정도의 긴장감은 요구되기 때문에 전체적인 이완은 그리 적절하지 않다.

심상(mental images)은 창작 작업을 하기 위해 필요한 균형 잡힌 신체를 형성하는 데 도움을 줄 수 있다. 마사지 테라피스트 Mirka Knaster(1966)는 보다 균형 잡힌 신체를 형성하기 위해 심상운동(이디오키네시스: ideokinesis) 전문가들에 의해 이미지가 사용되는 방법을 설명하였다. 이러한 체계에서 근육은 더 이상 정렬을 유지하기 위한 긴장을 필요로 하지 않으므로, 심상운동 전문가들은 신체 중심 가까이에 신체의 다양한 부분들(머리, 척추, 흉곽 등)을 가져옴으로써 만들어지는 움직임의 선(동선)을 상상한다. Martin Rossman & David Bresler(2004)에 의하면, 심상은 심리적 문제들을 해결하는 것을 도울 수 있고 신체적 치료를 보조하는 방식으로 자율신경계(autonomic nervous system)에 영향을 미칠 수 있다. 창작 작업을 시작할 때, 안무자는 심상이 신체 부분들을 신체 중심 가까이로 가져온 동선의 이미지 또는 몸과 마음의 균형 잡힌 상태를 형성하는 데 유용한 또 다른 이미지들에 집중하는 것에 도움이 되는 것을 알 수 있다. 이와 같은 균형상태 없이는 과도한 긴장과 불안한 감정으로 인해 심신의 연결(mind-body connection)이 차단될 수 있다. 사실상 창의적인 방법으로 문제를 해결하는 것과 관련된 어떠한 유형의 활동이라도 과도한 긴장에 직면해서는 심신의 연결이 거의 불가능하다.

무용수들은 신체감각에 집중하는 것을 배움으로써, 집중력과 심신의 연결을 향상시킬 수 있다. 마음이 배회하는 것을 허용하면 안 된다. 만약 여러분이 이러한 상황을 경험한다면, 자신의 마음을 다시 신체 상태와 일치하도록 이끌어야만 한다. 조용히 집중력을 유지하는 동시에 최대한 편안한 상태를 유지하도록 노력하라.

◆ 기술 익히기: 집중과 이완

1. 근육의 긴장을 인지하는 것을 배우기 위해서는 다리는 쭉 뻗고 팔은 양옆에 두는 편안한 자세로 바닥에 누워 보라(매트 위에 쿠션을 깔고 누워도 좋다). 한쪽 팔에 집중해서 최대한 단단하고 팽팽하게 만들어 보라. 팔의 긴장을 느껴야 하고, 손은 주먹을 쥐어야 한다. 이제 신체의 중심을 향해 내부에서 이완의 감각이 퍼지도록, 손가락부터 시작하여 손의 긴장을 풀도록 하자. 두 가지 다른 상태와 연결되는 운동감각에 대한 느낌을 조율함에 따라, 이완으로부터 긴장을 구별하라. 신체의 다른 부분들도 긴장시키고 이완시켜 보자. 마지막으로 전신을 긴장시킨 다음, 신체의 바깥 부분에서부터 이완을 시작하라.

2. 이완시키는 호흡은 거의 모든 자세에서 연습할 수 있다. 다리는 쭉 뻗고 팔은 양옆에 둔 자세로 다시 바닥에 누워 보자. 몇 번의 심호흡(deep breath)을 시작하라. 폐가 두 개의 풍선 혹은 비닐봉지라고 상상하라. 그리고 숨을 들이마실 때는 그 두 개의 비닐봉지가 차오르는 것을, 숨을 내쉴 때는 그것이 완전히 비워지는 것을 마음속에 떠올려 보라.

3. 또 다른 이완 연습은 신체의 다른 부분들을 통해 호흡하는 것으로 구성되어 있다. 신체의 중심부에 호흡을 집중시킨 다음, 호흡을 계속하면서 신체의 다른 부분들을 통해 바깥으로 퍼져나가듯이 호흡이 확장되는 것을 인지하라. 특히 신체에서 긴장된 위치에 호흡이 영향을 미치도록 노력하라.

4. 호흡이 몸을 통해 수평적 또는 수직적으로 흐를 수 있도록 다른 방향으로 호흡하는 것을 시도해 보라.

5. 골반저근(pelvic floor)까지 아래로 내려가도록 호흡하는 것과 정수리(the top of head)를 통해 머리 위로 호흡하는 것을 시도하라.

6. 대부분의 심상들은 이완을 촉진시킨다. 예를 들면 따뜻한 날 푹신한 침대나 해변에 누워 있는 것을 상상해 보거나, 몸이 공중에 떠 있는 것을 상상해 보라. 자신만의 몇몇 이미지들을 만들어 보라. 편안한 이미지를 선택하고, 그것에 집중한 후, 마음으로 그것을 보아라(두 눈을 감으면 집중력을 높일 수 있다).

7. Samuels and Bennett(1973)은 심상의 활용과 더불어 호흡을 결합하는 훈련에 대해 다음과 같이 설명했다. 복부(abdomen)로부터 몇 번의 느리고 깊은 호흡(slow and deep breaths)을 하라. 좀 더 이완될 수 있도록 하기 위해, 숨을 내쉴 때마다 우주로부터 에너지를 받는다고 상상해 보라. 신체 내부의 중심으로부터 바깥쪽으로 보다 밝아지고 보다 빛나는 것을 상상하라. 이 훈련은 이완에 도달하고 에너지를 증진시키는 데 도움이 된다.

8. 특정한 기술적 훈련을 동반하는 운동감각(kinesthetic sensation)들을 식별하기 시작하라. 예를 들면 쁠리에(plié) 동작의 확대 및 축소; 플렉스 발동작(flexed foot)의 평평함; 제2포지션에서 팔(second-position arms)의 완만함; 발이 바닥에 반듯이 서 있을 때 발가락의 퍼짐 등을 느껴라. 만약 안무자가 운동감각이나 심상에 집중할 수 있다면, 안무 과정이 보다 흥미롭게 느껴질 것이다.

◆ 탐구를 통한 움직임 발견

안무 과정에서 즉흥(improvisation) 능력을 향상시키기 위한 하나의 방법은 움직임 탐구(movement exploration)를 시작하는 것이다. 움직임 탐구는 마치 즉흥과 같이 자연스러운 것이며, 나타나는 움직임들은 계획되지 않은 것이다. 탐구는 주로 비교적 간단한 움직임들을 만들게 되는 과정인 반면, 즉흥은 좀 더 오랫동안 몰두하게 되는 과정이다. 움직임 탐구 및 즉흥의 예와 관련된 표 1.2를 참고하라.

표 1.2 탐구와 즉흥의 예

동기 혹은 영감	탐구	즉흥
방향 Direction	한쪽 팔을 앞, 뒤, 옆, 대각선 방향 등으로 신체와 관계하며 움직여라.	한쪽 팔을 다른 방향으로 움직이기 시작하라. 팔이 움직이는 대로, 몸이 그 방향을 따라가도록 해라. 다른 신체부분들을 움직이려고 시도하라. 이때 몸이 그 신체부분들을 따라서 움직여 보자.
모양 Shape	한쪽 팔을 원과 같은 기하학적 모양으로 움직여라. 신체의 다른 부분으로도 이와 같은 모양을 만들어 보라.	한쪽 팔로 원을 그리며 움직이기 시작하라. 신체의 다른 부분들로 원을 그리며 움직이려고 시도하라. 원의 크기를 변화시키고, 그 다음 신체의 다른 부분들로 원을 만들어 지속적으로 공간을 통해 움직여라.
중력 Gravity	한쪽 팔을 몸의 옆쪽 방향으로 들어 올려라. 중력이 팔을 끌어내리듯이, 팔의 무게를 느끼면서 이에 반응하여 아래로 움직여라. 이러한 연습을 천천히 해 보라.	한쪽 팔을 들어 올렸다가 중력이 당기는 것에 대한 반동으로 팔을 내리기 시작하라. 신체의 다른 부분들도 들어 올렸다가 내리는 것을 시도하라. 중력에 의해 생성된 무게감에 계속 집중하라. 천천히 전신을 낮추었다가 들어 올려라. 움직이는 동안, 신체의 다른 부분들을 올렸다가 내리는 것을 연습하라.
미러링 Mirroring	파트너와 마주 보고 서라. 리더는 다른 관절의 움직임 가능성을 탐구해 가며 움직이기 시작한다. 다른 사람은 리더의 움직임을 따라한다. 이러한 연습을 천천히 하라.	파트너와 마주 보고 서라. 리더는 짧게 움직이고 멈춘다. 이 움직임은 특정한 아이디어, 이미지 혹은 느낌에 의해서 동기부여가 될 수 있다. 리더가 멈추면, 다른 무용수는 리더의 움직임에 반응하며 움직인다.

움직임 탐구와 즉흥은 그림 1.1과 그림 1.2에 제시된 모형의 관점에서 설명될 수 있다. 탐구 과정에서는 신체의 일부분에 대한 움직임의 동기를 주의 깊게 관찰해야 한다. 어떤 경우에, 탐구하는 사람은 움직임의 동기에 대한 감정적 반응을 나타낼 수도 있다. 반면에 즉흥은 상상과 기억에 의해 관찰과 반응이 수반되는 보다 심오하고 개인적인 과정이다. 그럼에도 불구하고 이 두 가지 과정—탐구와 즉흥—에 있어서 관찰과 반응은 모두 움직임으로 변화된다는 공통점을 가지고 있다. 안무자는 신체의 움직임 가능성 또는 다른 간단한 움직임 발상에 기반을 두고 동기부여와 더불어 탐구적 경험을 시작할 수 있다. 초보 무용수들은 그러한 동기들이 구체적이고 활용하기 쉽다는 것을 알게 된다. 움직임의 탐구적 경험에 대한 몇 가지 구체적인 예시들을 참고하라. 눈을 감은 채 이러한 연습을 시도하면 신체 감각에 대한 집중력을 향상시킬 수 있다. 가능하다면, 각 암시와 관련된 시각적이고 운동감각적인 측면 모두 주목하라. 움직임을 시작할 때, 몸에서 일어나는 운동감각적 현상에 집중하면서 마음속에서 이미지를 상상하라.

◆ 기술 익히기: 움직임 탐구

앉은 자세와 서 있는 자세에서의 탐구, 파트너 탐구를 수행하면서, 신체 감각에 집중하는 것을 연습하라.

* 앉은 자세에서의 탐구

다음의 모든 탐구들은 앉은 자세에서 이루어진다. 만약 이 자세가 불편하지 않다면(다리를 접어서 교차시키고, 무릎을 측면에 둔 상태의) 양반다리 자세(tailor position)를 하라.

1. 오른쪽 어깨에 집중하라. 귀 쪽으로 어깨를 들어 올려라. 중간 위치로 어깨를 내리고, 곧 어깨를 뒤로 밀어라. 중간 위치로 어깨를 되돌린 다음, 어깨를 내려라. 마지막으로 어깨를 중간 위치로 되돌린 후에, 어깨를 앞으로 밀었다가 다시

중간 위치로 되돌려라. 지속적인 순환과 더불어 앞, 뒤, 상, 하 등의 방향들을 연결하기 위해 어깨를 사용하라. 앞과 뒤의 양쪽 방향으로 어깨를 원을 그리며 돌려라.

2. 상체를 위로, 옆으로, 뒤로 그리고 다른 방향으로 이동하기 위해 어깨를 활용하는 것으로 상체에 대한 탐구에서 동일한 형식을 이용하라. 허리에서부터 상체를 둥글게 만들면서 움직여 보라.

3. 팔의 여러 관절들을 사용하여 가능한 움직임을 탐구하라. 어깨는 팔꿈치보다 움직임을 위한 가능성이 더 크다는 것을 인식하라. 팔의 움직임에서 각 관절을 사용한 몇 가지 다른 방법들을 인지하라.

4. 오른팔에 집중한 후 공간 안에서 움직임을 시작하라. 팔을 몸과 관계하여 다른 방향과 다른 높이로 움직여 보라.

5. 몸의 측면으로 팔을 들어 올리고 어떤 – 예를 들면 원형(circle)과 같은 – 모양을 그려보라. 다른 형태들 – 예를 들면 삼각형(triangles)이나 지그재그 라인(zigzag lines) – 을 그리기 위해 팔을 사용하라.

6. 팔의 에너지를 사용하여 몸통으로부터 에너지의 흐름을 연결하는 것에 집중하라. Alma Hawkins(1988)는 사지(extremities)와 몸의 중심(center of the body) 사이에 긴장 관계(tensional relationship)가 있다고 언급했다. 우리는 에너지가 몸의 중심과 주변 사이에서 왔다갔다 흐르도록 함으로써, 이러한 운동감각적 관계성을 느낄 수 있다. 몸에서 에너지가 확장되고 수축되는 것(expand and shrink)을 느끼는 것과 동시에, 마음에서 에너지가 빠져 나가고 밀려들어 오는 것(ebb and flow)을 인지하라. 그런 다음 공간 안에서 팔의 움직임을 통해 에너지가 흐르도록 해 보자. 신체의 다른 부분들로 이 훈련을 시도하라.

* 서 있는 자세에서의 탐구

1. Hawkins(1988)는 무용가는 항상 중력(gravity)을 고려해야 한다고 강조했다. 여러분은 탐구의 동기를 부여하기 위해 중력의 끌어당김을 사용할 수 있다. 비교

적 편안하게 바닥에 앉은 자세에서 시작하라. 몸을 바닥으로부터 떨어뜨려 매우 천천히 들어 올리고, 서서히 일어서는 자세가 되도록 하라. 신체의 모든 부분들을 끌어내리는 중력으로 무거운 느낌에 집중하라. 일어날 때에 중력의 당김과 무게를 느껴라. 바닥으로부터 떨어져 일어날 때, 키가 더 커진다는 것을 감지하라. 바닥으로부터 떨어져 일어나는 만큼 높아지는 신체를 느껴보라. 최대한 높아질 수 있는 만큼에 도달했을 때, 다시 천천히 바닥으로 내려오라. 서고 앉는 일련의 과정을 통해서 신체의 긴장과 중력의 당김을 인지하라.

2. 변화를 주어 서 있는 상태에서 신체의 부분을 끌어내리는 중력에 집중하면서, 신체의 한 부분을 바닥으로부터 떨어뜨려 들어 올려라. 신체부분이 무거워짐에 따른 중력을 수용하라.

3. 서 있는 자세에서 허리를 앞으로 굽힌 다음, 천천히 높게 선 자세로 몸을 편다. 이와 같이 굽히는 동작(slumping action)과 펴는 동작(uncurling action)을 빠른 템포, 중간 템포, 느린 템포로 시도하라. 같은 동작을 연속적(continuously)으로 하기보다는 간헐적(intermittently)으로 실행하라. 다른 몸통의 움직임 – 예를 들면 위로 늘리는 동작(stretching up), 쭉 뻗는 동작(reaching), 비스듬한 동작(diagonally), 혹은 비트는 동작(twisting) – 을 탐구하라. 그러나 이러한 동작들에 대한 각각의 운동감각적 느낌에 집중하는 것은 지속하라.

4. 오른팔에 집중하고, 움직임에 따른 에너지를 느껴라. 팔에 다른 양의 에너지를 적용해 보고, 공간 안에서 팔이 어디로 얼마나 멀리 움직이는지 인지하라. 에너지의 다양한 사용과 관련된 긴장과 근육의 감각에 민감해져라. 신체의 또 다른 부분에 있어서도 이러한 탐구를 하라.

5. 간단한 움직임 – 예를 들면 쭉 뻗는 동작 – 을 선택하고, 한쪽 팔로 그 움직임을 시도하라. 가능한 한 크게 이 움직임을 만들어 보라. 그리고 나서 같은 움직임을 얼마나 작게 만들 수 있는지 체험하라. 마지막으로 크고 작은 움직임 사이에 속하는 범위의 크기를 선택하라. 멈추지 않고 움직임의 크기를 변화시킬 수 있는지를 보라. 다른 신체 부분과 다른 움직임으로 이 탐구를 시도하라.

6. 잘 정렬되어진 자세(a well-aligned stance)로 편안히 휴식을 취하라. 일반적으로 서 있는 자세를 유지할 때에 신체의 흔들림(swaying)을 인식하라. 균형을 깨기 전에 얼마만큼 흔들릴 수 있는지를 확인하기 위해 신체의 흔들림을 증가시켜 보라.

7. 골반이 기본자세를 벗어나 내밀어지도록 한쪽 옆 방향으로 움직여 보라. 골반을 앞, 뒤, 옆, 사선 방향으로 이동하며 시도하라. 그것을 시도하기 전에 골반을 얼마나 멀리 이동시킬 것인지 결정하라. Hawkins(1988)에 따르면, 골반을 한쪽 방향으로 상체를 다른 방향으로 이동시키며 균형을 유지한다. 균형 잡힌 상태와 균형이 깨진 상태(on and off balance)로 움직여 보라.

8. 춤추는 공간(Dance Space)에서 천천히 움직여라. 그리고 앞으로 움직일 때 신체 정렬이 얼마나 기울어지는지 인지하라. 움직이는 동안 좋은 자세(good posture)를 유지하는 것이 어렵다는 것을 알게 될 것이다. 몸의 기울기에 변화를 주는 것을 연습하라. 또한 신체 정렬과 공간을 가로질러 이동할 수 있는 능력에 어떻게 영향을 미치는지 알아보기 위해 느린 속도에서 빠르게 그리고 다시 돌아가 느리게 이동 속도를 변경하라.

9. 또 다른 탐구를 통해 공간 또는 시간의 다양한 활용에 대해 체험할 수 있다. 이 연습은 박자의 변화에 의해 시작된다. 녹음된 음악을 연주하거나 드럼을 치는 것으로 박자를 만들어 낼 수 있다. 8카운트, 4카운트, 그리고 2카운트마다 움직임의 높이 또는 방향에 변화를 시도하라.

* 파트너 탐구

팔로잉(following)과 미러링(mirroring)을 통한 탐구를 위해서는 한 명 또는 여러 명의 파트너가 필요하다. 팔로잉과 미러링은 다른 사람의 움직임을 인식할 수 있는 능력을 발전시키도록 해 줄 것이다(그림 1.6과 1.7 참조). 이러한 탐구를 통해, 리더 역할을 하는 무용수(the leader)는 움직임을 시작하고 그를 따라하는 무용수(the follower)는 리더의 움직임을 보면서 모방(duplicate)해야 하는 것을 기억하라. 리더들은 여러 신체 부분의 잠재적 움직임(movement potential)을 탐구한다. 움직임을 천천히, 짧고 간결하게 유지해라. 만일 팔로잉을 할 경우, 리더의 행동을 예측하지 마라. 더 정확히 말하자면, 우연한 움직임을 체험하라. 리더에 의해 나타나는 움직임 ─ 예를 들면 방향(direction), 높이(level), 위치(position), 경로(pathway), 리듬(rhythm), 크기(size), 시점(timing) ─ 을 보고 관찰하라.

그림 1.6 카메라 가까이에 위치하고 있는 무용수들은 그보다 더 멀리 위치하고 있는 무용수의 움직임을 따라하고 있다.

그림 1.7 미러링을 하는 한 명의 무용수는 또 다른 무용수를 마주 보고 있다.

1. 다른 무용수의 뒤에 서서, 리더 무용수의 움직임을 따르고 모방하는 것을 시도해라. 리더의 움직임에 대한 형태, 흐름 그리고 방향을 주시하라. 만약 리더의 역할을 맡게 된다면 신체의 한 부분을 움직이기 시작하면서 신체의 다른 부분까지 움직임을 확장시켜 보자. 에너지의 흐름과 충돌에 민감하게 반응하면서 움직임을 연결시키는 것을 시도해라.

2. 미러링이 완료되면, 리더가 아닌 한 사람이 다시 리더로 지명되고 다른 사람은 새로운 리더의 움직임을 따라한다. 리더가 오른쪽으로 움직이면, 다른 사람은 왼쪽으로 같은 움직임을 따라한다. 리더의 움직임을 통해 다양한 잠재적 움직임을 탐구할 수 있다.

3. 다음 연습은 네 명의 무용수들이다. 사각형 구도로 서서 시작한다(그림 1.8과 같이 각 무용수들은 사각형 구도의 코너마다 자리하고 있으며, 리더가 다른 멤버들의 앞에 위치한 상태에서 같은 방향을 쳐다본다). 리더가 움직임을 시작하면, 사각형 구도를 이루고 있는 다른 무용수들은 그 움직임을 따라한다. 어떤 시점에서 리더의 역할을 다른 무용수에게 넘겨준다. 두 번째 무용수는 그룹의 움직임이 중단되지 않도록 하며, 리더의 역할을 이어 맡는다.

그림 1.8 그룹 멤버 중 세 명의 무용수들이 사각형 구도의 앞 지점에 위치한 무용수의 움직임을 따라하고 있다.

4. 따라하는 무용수는 리더와 동시에 움직이지 않고 그 후에 움직여야 모든 동작을 기억할 수 있다. 리더의 움직임 배열(movement sequence)은 짧아야 할 필요가 있다. 리더가 멈출 때에도 리더의 움직임을 따라하라.

5. 파트너와 마주 보고 서라. 리더의 움직임과 반대 방향의 동작을 하면서 계속 움직여라. 그러나 리더가 하는 동작의 다른 측면은 변경되지 않도록 하라.

6. 파트너 탐구는 계획된 이미지(projected images)로 실행되어질 수도 있다. 예를 들어 큰 스크린을 통해 보여지는 형상의 움직임을 따라할 수 있다. 심지어 계획되어진 움직임의 형상이나 얼굴 표정에 의해 전달된 감정을 반영하여 창의적 움직임을 시도할 수 있다.

◆ 즉흥을 통한 움직임 발견

무용을 위한 적절한 움직임은 대체로 즉흥을 통해 발견된다. 즉흥을 하는 동안, 안무가는 작품을 위한 영감에 집중하거나 관찰하면서 자연스럽게 움직인다. Hawkins(1988)에 의하면, 안무가는 무용을 창작하기 위해 선택된 첫 영감(initial inspiration)에 따라 즉흥적으로 이끌어 가게 된다. 어떤 상황에서는 무용수가 안무가의 제안을 받아들여 즉흥을 하고, 그 다음 안무가는 어떤 움직임이나 프레이즈를 무용에 포함시킬지 결정한다.

안무가는 영감에 대해 감정적으로 반응하게 되므로, 즉흥은 탐구보다 더 완전하면서도 내면적인 동기가 부여되는 경험이 된다. 또한 즉흥은 다양한 움직임을 위한 더 많은 기회를 제공하며, 감정(feeling)과 형상(forming)에 몰두하게 한다. 그것은 영감이 무용으로 형상화될 수 있는 움직임이 되는 것뿐만 아니라 움직임이 이루어지는 것을 변형시키는 단계인 것이다. The Root-Bernsteins(1999)는 창의적인 사람이 사고 도구(thinking tools) 중에서 하나의 문제를 정의하기 위한 첫 번째 도구, 그것을 연구하기 위한 두 번째 도구, 그리고 그 문제를 해결하기 위한 세 번째 도구를 사용할 때 변형이 일어난다고 주장하였다. 이러한 주장은 '영감은 그림(시각적: visual)이

될 수 있으나, 그것은 리드믹한 선의 사용(청각적: auditory) 및 표면적으로 드러나는 움직임의 질감(촉각적: tactile) 측면에서 분석되고 평가될 수 있다'는 것을 의미한다. 결국 해결되어야 할 문제는 그림의 해석에 대한 움직임(운동감각적: kinesthetic)을 창작하는 것이다.

즉흥을 하는 동안에는 움직임이 어떻게 연결되고 발전될 수 있는지를 알아야 한다. 움직임의 처음(beginning), 중간(middle), 끝(end)을 인식해야 하며 움직임의 가능성을 많이 발견했을 때, 자연스럽게 움직임의 전개를 마무리하고 종결시점을 찾아야 한다. 또한 Hawkins(1988)는 성공적인 즉흥활동은 일치(unity), 만족(satisfaction), 성취(fulfillment)의 감정을 느끼게 할 수 있다고 언급하였다. The Root-Bernsteins(1999)는 변형의 과정은 사용된 사고 도구의 측면과 동일하지 않기 때문에 예기치 않은 발견으로 이어질 수 있다고 믿었다. 이러한 논리는 '변형의 과정을 통해 감각의 경계(sensory boundaries)를 넘나든다'는 것을 의미한다.

◆ 에너지의 흐름

즉흥을 시작하면 신체에 나타나는 에너지의 흐름에 집중하도록 해야 한다. 무용은 비언어적인 체험이며, 과도한 생각은 신체의 에너지 흐름(body's energy flow)을 방해할 수 있다. 에너지의 흐름에 집중하는 능력은 안무자의 의식을 해제하는 능력에 비유될 수 있다. Harold Rugg(1963)는 이러한 상태는 의식(conscious)과 잠재의식(subconscious)—내부 또는 통제로부터 벗어난 이미지와 메시지를 수용하는 것—사이에 놓여 있게 되는 것이라고 하였다. 즉, 움직임이 나타날 때에 그것을 기억하고 시각화할 수 있음에도 불구하고 안무자는 움직임들을 위한 내적 동기(inner motivation)에 민감해질 수 있다. Marshall(2002)은 나타나는 동작의 의식적 소유(conscious ownership)를 동시에 가질 때 신체가 완전히 통합되고, 생동감이 넘치며, 움직이는 사람의 내부 세계(the mover's inner world)와 몸과 마음이 연결된다는 측면에 대해 논의하였다. 즉흥활동에서의 지속적인 연습은 비록 많은 기간이 소요될지라도 이러한 상태를 인식하고 일깨우는 데 도움이 된다.

심상(mental imagery)은 즉흥 시 여러 방면에서 중요한 요소로 작용한다. 예를 들어 이미지에 의해 유도되는 것보다 오히려 다른 무용수의 움직임에 반응하게 될 수도 있다. 즉흥을 할 때에는 마음속에 떠오르는 심상에 스스로 민감해진다. 일반적으로 심상은 즉흥을 할 때 영감에 의해 나타난다. 특별히 흥미롭거나 중요하게 여겨졌던 심상을 상기할 수 있도록 이미지에 집중하는 것을 배워야 한다. Jim and Ceci Taylor(1995)는 생생하고 유용한 이미지는 가장 친근한 기억과 경험으로부터 묘사된다고 언급하였다. 심상에 집중하는 동안에도 움직이는 것을 연습하라.

◆ 기술 익히기: 에너지의 흐름

다음과 같은 연습을 실행할 때 너무 신중히 생각한다거나 전개되는 것에 따라 동작을 예측하지 마라. 단지 움직임이 일어나도록 해라. 처음에는 내면의 움직임 충동에 집중하기 위해 차분한 상태를 유지한다. Hawkins(1988)는 처음 즉흥을 시작할 때 집중력을 배가시키기 위해 두 눈을 감는 것을 제안했다. 눈을 감고 움직이는 것은 외부의 산만함을 차단하고 내면적·개인적인 이미지들에 대한 감수성을 고조시킨다. 집중하는 것을 배운 후에 눈을 뜨고 계속 움직여 보라. 그러나 내면의 집중력은 유지하도록 해라.

1. 편안한 자세로 바닥에 누워라(좀 더 긴장을 완화시킬 수 있도록 매트를 사용해도 좋다). 몸에 집중할 수 있도록 여러 번 심호흡(deep breath)을 하라. 몇개의 작은 움직임들을 따라할 수 있도록 하라.
2. 앞의 연습에 이어서, 이러한 몇개의 움직임들을 더 크게 만들거나 새롭고 확장된 동작으로 만들어 보자.
3. 부드럽고 차분한 음악이 흐르는 동안 앞의 연습을 실행하라.
4. 바닥에 누운 상태로 편안하면서 긴장이 완화됨을 느끼는 배경을 마음속에 그

려 보라. 그려진 배경 안에서 여러분이 느낀 감정 혹은 특성과 연관 지으면서 천천히 신체를 움직여라.

5. 앞의 연습을 하되, 점차적으로 집중하는 이미지를 바꾸어 보자. 동시에, 움직임이 새로운 이미지와 더불어 변화되거나 발전되도록 하라.

◆ 정신적 상태

올바른 정신적 상태(the right mental state)를 가다듬고 유지하는 것은 성공적인 즉흥 작업을 위해 중요하다. 올바른 정신적 상태는 안무자가 편안하게 집중하고 있다는 것을 의미한다. 몸과 마음이 동조되고, 마음은 몸으로부터 움직임의 충동과 흐름에 영향을 받기 때문에 충분한 집중이 필요하다. 그러나 과도한 집중과 노력은 긴장을 일으킬 수 있으며, 몸과 마음 사이의 창의적인 경로를 차단할 수도 있다.

◆ 분위기 조성

안무자는 즉흥과 관련된 바람직한 심신의 연결(mind-body connection)을 위해 많은 것들을 할 수 있다. 먼저 편안하게 움직일 수 있으며, 만족하고, 스스로를 조절할 수 있는 환경이나 장소를 찾아라. 창작 작업을 위한 적절한 공간을 선택하는 데 있어서 크기, 형태, 색감, 온도, 바닥 재질 그리고 다른 조건들을 고려하라. 하나의 장소를 결정하기 전에, 다른 공간들도 함께 비교하라. 하루 중 작업을 선택하는 시간은 즉흥을 위한 적합한 조건을 만드는 데 있어서 또 다른 중요한 개인적 고려사항이다. 날마다의 일과에 관해 생각해 보라. 그리고 컨디션이 좋았다고 느꼈을 때를 기록하라.―컨디션이 좋았다고 느꼈던 시간들은 가장 긍정적인 영향을 미치게 될 것이다. 이러한 기간 동안에 즉흥 작업을 시도하라. 그 이유는 따분하거나, 지루하거나, 졸리는 것을 느낄 때 창작하는 것은 비효율적이기 때문이다. 이상적이지 못한 공간 내에서 또는 에너지가 부족한 시기에 반드시 작업을 해야 할 때, 스스로 집중력을 유지하는 훈련이 필요할 것이다. 만약 연습실에서 즉흥 작업을 한다면, 거울을 가리는 방법으로 집중력을 향상시킬 수 있다.

즉흥 작업을 위한 분위기를 조성하는 데 도움이 되는 다음의 사항들을 고려해라. 물리적 환경(physical environment)—즉흥활동을 위해 선택하는 공간—은 만약 다른 무용수들과 함께 공간을 공유할 경우, 특히 움직임을 허용할 수 있을 만큼의 충분한 공간이 주어져야 한다. 더불어 스스로 움직임 발견의 과정에 몰두할 수 있는 충분한 시간을 가져야 한다. 또한 즉흥은 심리적으로 '개방(openness)'된 환경에서 작업하는 것이 가장 좋다. 움직임이 어떻게 평가받을지에 대한 걱정을 떨쳐 버리고, 대담하면서도 실험적인 태도를 유지해라. 즉흥을 할 때는 스스로의 판단을 반영하고, 누군가에게 즉흥에 대해 설명할 필요는 없다(Schneer, 1994). 즉, 외부의 평가가 아닌 내부의 단서에 집중해라; 즉흥과정 동안에는 긍정적이고 즐겁게 임해야 한다. 스스로 자유롭다고 느끼게 될 감정적 편안함(emotional safety)이 가장 중요하다(Schneer, 1994).

◆ 적절한 영감 찾기

즉흥 안무를 위해서는 영감의 유형 역시 중요하다. 우선 움직임을 유발할 수 있는 영감을 선택하라. '돌'이나 '앉는다'라는 단어는 움직임을 유발하기에는 어려움이 있는 영감의 단어이다. 자신이 '돌'이 되면서 어떻게 자유롭게 동작을 할 수 있겠는가? 반대로 '파도'나 '강' 같은 단어는 동작을 유발하는 영감의 단어다. 둘째로 자신이 알고 있으며 친숙한 것과 연관된 영감을 찾아라. 이렇게 자신의 경험에서 비롯된 영감은 더 흥미롭다. 세 번째로 체계에 맞추어진 영감을 찾아라. 자신을 체계라는 틀 안에 가둬 놓음으로써 감당할 수 있는 자신만의 방식으로 작업할 수 있다. 예를 들면 신체의 소리에서 비롯된 영감은 신체에서 날 수 있는 소리에 제한된 것이고, 촉각과 관련된 영감은 촉각의 범위 내에서만 즉흥 안무를 할 수 있을 것이다. 만약 제한하지 않는다면 그 범위와 가능성이 너무 넓기 때문에 작업하기가 어렵다.

마지막으로 감각(sensing)과 인지(perceiving) 방법에 따라 동작의 영감이 달라지는 점을 고려한다. 이 책에서 즉흥 안무에 대한 영감은 시각, 청각, 촉각, 운동감각 등 여러 감각들로 나뉘어져 있다. 우선 모든 감각의 영감을 가지고 연습해 보자. 결국 자신이 작업하기 쉬운 영감을 찾게 될 것이다. 시각적 감각이 발달한 사람은 시각적으로 더 끌리는 영감을 찾고, 음악적 감각이 발달한 사람은 청각적인 영감을 이용했을 때 더 좋은 작업을 할 수도 있다. 중요한 점은 영감을 사용해 안무를 할 때 여러 가지 학습 방법을 통해 자신의 능력을 키우는 것이 중요하다.

◆ 시퀀스 (연결) 탐구

영감의 순서는 즉흥 안무 시 중요한 요소이다. Hawkins(1988)에 따르면, 처음에는 구체적인 영감을 바탕으로 시퀀스(sequence)를 구성하는 것이 중요하다. 예를 들면 청각적 자극에 의지한 영감과 소도구를 이용한 영감을 사용하는 것이다. 형상화를 할 때에는 감정적 반응이 동반되어야 한다. 영감에 즉흥적으로 반응하고 몰두하는 연습이 필요하기 때문에 감정에서 비롯된 즉흥 안무를 반복해 보는 것도 좋겠다. 가장 중요한 것은 즉흥 안무를 할 때 뚜렷한 목적이나 목표를 가지고 있어야 한다.

◆ 기술 익히기: 즉흥 안무

즉흥 안무 훈련의 예는 다음과 같으며 이전에 제시한 움직임 탐구 훈련의 예와 비교해 보기 바란다. 즉흥 안무의 경우 움직임 탐구 훈련보다 안무가의 재량이 더 필요하며 안무가 자신의 아이디어가 있어야 한다. 그리고 즉흥 안무가 동작을 발전시키는 감각을 키우기 위해 더 오랜 시간의 훈련이 필요하다. 앞서 언급했던 '서 있는 자세에서의 움직임 탐구'의 다섯 번째 항목에서 '뻗는' 등의 특정 동작을 통해 훈련이 시작되는 것을 볼 수 있었다. 즉흥 안무의 세 번째 항목에서 역시 특정한 동작이나 제스처에서 시작되지만 제약을 두지 않고 좀 더 자유롭게 임할 수 있는데, 인간의 제스처 중 여러 개를 선택한 후 변형해나가는 연습을 하기 때문이다. 다음으로는 그 제스처를 활용하여 이야기를 만들어 보는 훈련이 진행된다. 움직임 탐구에서는 '팔을 뻗고 이런 행동을 이런 크기로 해라'라는 제한을 두었던 점과 매우 상이한 것을 알 수 있다.

각각의 즉흥 안무 훈련을 통해 자신이 어떻게 발전하는지 주의 깊게 지켜보라. 어떤 훈련에서는 자유롭게 탐구할 수 있지만, 다른 훈련에서는 정해진 동작을 바꾸고 다듬어 적절한 동작으로 변형시키는 작업을 할 것이다. 또한 정해진 동작에서 시작한 다음 그것을 토대로 발전시키고 변형시키고 확대시키는 훈련도 가능하다.

1. 청각을 사용한 즉흥 안무는 재미있을 뿐만 아니라 즉흥 안무 시 반주음악이 되는 효과가 있다. 연습 공간을 돌아다니면서 몸을 이용해 여러 가지 소리를 내보자. 두드리거나, 박수 치거나, 손가락을 튕겨보자. 두 개 또는 세 개 정도의 마음에 드는 소리를 골라 그에 맞는 적절한 동작을 만들어 보자. 이러한 동작의 방향, 크기, 높낮이, 템포를 다르게 하여 다양화시켜보고 동작과 소리의 순서도 바꾸어 보라. 반복할 수 있는 특정한 패턴이 완성될 때까지 순서를 계속 연결해 보라.

2. 특별한 질감이 있는 하나의 사물을 선택한 후 그 사물들을 만져보고 움직임을 탐구해라. 예를 들어 핸드드럼(hand drum)은 위쪽은 부드럽지만 밑 부분은 질감이 느껴지고 가장자리는 각이 져있다. 가장자리와 윗부분을 연결하는 연결고리는 부드럽지만 때로는 차갑기도 하다. 각각의 촉각적 특성에 집중한 후 동작을 시작한다(부드러운 느낌은 미끄러지는 동작으로 표현할 수 있고, 각진 느낌은 들쑥날쑥하는 동작으로 표현할 수 있다). 몇몇 동작들 중 하나를 고른 후 변형을 준다.

3. 운동감각적 영감을 떠올리는 제스처를 선택한 후 어떻게 변형시킬지 고민해 보자. 크기, 방향, 시간, 강도 등을 바꿀 수 있다(제2장 '움직임의 변형' 참고).

4. 지금까지 연습에서 쓰였던 제스처를 연결해 하나의 짧은 이야기로 만들어 보자. 각 제스처에 의미를 부여하고 다른형태로 변형시켜 본다.

5. 소도구를 이용하여 재미있는 동작을 이끌어 낼 수 있다. 처음에 소도구의 움직임을 살펴본 후 즉흥 안무를 해 보자. 그 후 공간, 시간, 강도에 변화를 주어 동작

을 다양하게 만들어 보자. 또한 소도구를 사용하면서 다른 방향과 다른 높이로 몸을 움직여 보자. 소도구가 어떻게 변화하는지, 몸으로부터 동작을 어떻게 이끄는지 확인한다.(그림 1.3과 1.5 참고)

6. 조용하고 시원한 숲에 있다고 상상한다. 그에 맞는 상황을 관찰하고 반응해 보자. 땅에는 부드러운 솔방울이 흩어져 있고, 나무 사이로 햇빛이 스며들며 야생 동물들이 뛰어다니고 있다고 상상해 보자. 이러한 상황에 어떤 감정을 느낄 수 있을지 상상하며 움직인다.

7. 조개껍질 등과 같은 자연물을 이용해 즉흥 안무를 창작할 수 있다. 우선 조개껍질을 자세히 살펴보고 모든 감각을 이용해 발견되는 특징을 느껴본다. 색깔, 질감, 모양, 선, 패턴 등 시각적 그리고 촉각적인 특징을 살펴보고 각각의 특징에 반응해 보자. 조개껍질을 잠시 내려놓고, 춤 출 수 있는 공간을 찾는다. 조개껍질의 특징에서 느꼈던 모든 감각에 집중하자. 조용한 상태에서 몸과 상상에 집중한다. 어느 정도 즉흥 안무를 한 후 마무리를 짓는다. 조개껍질 등 자연물을 이용한 즉흥 안무는 추상적 개념(abstraction)을 적용한 예이며, 이와 관련된 내용은 제3장에서 자세히 다루었다.

제4절 즉흥 안무의 요건

습작은 짧은 춤으로 효과적인 안무를 위해 필요한 단계이다. 안무 수업을 통해 습작을 만들어 볼 기회가 주어질 수 있다. 습작의 첫 단계는 즉흥 안무를 통해 적절한 동작을 발견하는 것이다. 이때 자신의 영감이나 동기에 집중하는 것이 중요하다. 대부분 즉흥 안무의 영감은 습작이나 완성된 춤에 반영되는데, 움직임 탐구 시 발견한 아이디어를 습작을 만들 때 사용해도 좋다. 초기에는 간단한 주제로 시작해서 후에 좀 더 복잡하고 표현력 있는 습작으로 발전하게 된다.

◆ 정신적 차단

때로는 즉흥 안무가 쉽게 흘러갈 때도 있지만 굉장히 어렵게 느껴질 때도 있다. 후자의 경우 '차단(blocked)' 당한 느낌을 받는다고 얘기한다. 자신의 몸과 정신이 언제나 동일하게 깨어있을 수 없기 때문에 참을성을 가지고 기다려야 한다. 즉흥 안무 시 일어나는 문제를 해결하는 방법도 안무를 배우는 과정 중 하나이다.

◆ 새로운 동작 기억하기

많은 학생들이 즉흥 안무에서 발견한 새로운 동작을 기억하기 어렵다고 하는데, 이 문제는 연습을 통해 해결될 수 있다. 즉흥 안무를 기억하는 것은 이 안무 동작이 후에 습작을 만들거나 하나의 완성된 춤의 일부분이 되기 때문에 매우 중요하다. 즉흥 안무를 기억해내는 능력은 마치 제3자의 입장에서 자신의 즉흥 안무를 관찰해 낼 수 있는 능력과 비슷하다.

◆ 한데 모으기

동작은 언제나 논리적으로 떠오르는 것이 아니다. 예를 들어 습작이나 춤의 마지막 부분이 중간 부분보다 먼저 떠오를 수 있을 것이다. 중요한 것은 참을성을 가지고 모든 부분이 다 떠오를 때까지 기다린 후 하나의 안무를 완성하는 것이다. Hawkins(1988)는 각자 적절한 환경과 충분한 양의 연습이 필요하며, 같은 방식과 속도로 이 과정을 겪어 내는 사람은 없을 것이라고 하였다. 안무의 목표는 자연적인 동작이나 프레이즈를 발견한 후, 그 동작들을 잘 어울리도록 한 데 모으는 것이다.

◆ 기술 익히기: 즉흥 안무의 요건

1. 춤은 무대에서 움직임의 형태를 만들어 내는 것이다. 따라서 자신의 창의력이 발휘될 수 있도록 충분한 시간을 가지고 기다려야 한다.

2. 작업 중이던 즉흥 안무를 잠시 제쳐두었다가 며칠 후 다시 돌아와서 재시작하는 것도 좋다. 잠시 작업을 중단하는 것은 자신의 창의력이 더 잘 발휘될 수 있도록 하는 시간적 여유를 준다.

3. 마음을 열고 즉흥 안무의 문제에 대한 해결책을 가능한 한 많이 고민해 본다. 동작에 대한 편견을 가지지 말고 모든 동작을 고려한다(노트에 동작과 관련된 아이디어를 적어두는 것이 좋다).

4. 안무에 관련된 모든 것을 적은 후 즉흥 안무를 다시 시작한다. 이때 더 좋은 새로운 동작이나 프레이즈를 발견하게 되는지 살펴보자.

5. 전체적인 춤을 구간별로 나누어서 즉흥적으로 안무해 보거나 음악을 나누어서 구간별로 작업한다. 적당한 동작을 찾으면 안무의 다음 구간으로 넘어간다.

6. 동작 기억력은 반복 학습을 통해 향상될 수 있다. 마음에 드는 프레이즈를 찾았다면 돌아가서 다시 해 본다. 자신의 상상이나 영감에 맞을 때까지 동작은 반복되어야 할 수도 있다. 반복하면 할수록 동작은 더 명확해진다.

7. 또한 관객이 이 동작을 어떻게 생각할까에 대한 고민을 하면 할수록 동작 기억력이 향상 될 것이다. 자신을 외부의 인물이라고 가정하고 스스로를 관찰할 수 있는 기술이 필요한데, 이 기술은 많은 연습을 요한다.

8. 여러 가지 춤을 하나의 춤으로 완성할 때에는 안무 형태의 변화와 변화 과정에 주목해야 한다.

9. 즉흥 안무를 할 때 춤이 어떤 특정한 형태로 나오도록 강요하는 것은 좋지 않다. 영감과 연관되는 춤의 형태가 자연스럽게 나오는 것이 중요하다. 여러 가지 동작을 하나의 작품으로 완성하는 방법을 점차 배우게 될 것이다.

10. 작품이 자신이 생각했던 방향이 아닌 다른 방향으로 흘러가더라도 계속 방향

을 탐구하고 연구해 본다. 창작을 할 때에는 여러 가지 가능성을 열어두는 것이 중요하다.

제5절 적절한 음악 선택

여러 가지 장르의 음악이 무용작품에 반주음악으로 사용될 수 있다. 하지만 자신의 영감과 안무 의도에 가장 잘 맞는 음악을 찾는 것이 중요하다. *Doris Humphrey*(1987)는 춤이 음악을 흉내 내는 것처럼 보여서는 안 된다. 춤과 음악은 마치 서로 잘 공감할 수 있는 친구 사이가 되어야 하며, 음악이 춤의 주인이 되어서는 안 된다고 하였다. 반주음악의 활용에 대해 어느 정도 자신이 있다면 작품의 영감과 다른 느낌의 음악을 선택하여 실험해 보는 것을 권한다. 이런 부조화가 재미있는 효과를 낳을 수 있고 오히려 반주음악으로써 어울릴 수도 있다.

반주음악을 선택할 때 고려해야 하는 기준에는 여러 가지가 있다. 일반적으로 무용작품에는 가사가 있는 음악보다 가사가 없는 음악이 더 잘 어울리는데, 이것은 관중이 안무를 해석할 때 자유로움을 더해 주기 때문이다. 가사가 있는 음악을 사용한다면 가사를 그대로 따라하는 동작은 피하도록 한다. 대신에 음악을 들었을 때의 내적 반응을 끌어내어 움직여라. 구조, 리듬 패턴 등 여러 가지 특성을 가지고 있는 음악이 반주음악으로써 적합하다. 이것은 다양한 특성이 없는 음악에서는 무용수가 보통 반복적인 동작을 떠올리는 경향이 있기 때문이다.

심포니나 오케스트라 등 연주 규모가 큰

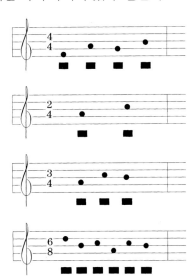

그림 1.9 안무가는 음악이 어떻게 구성되어 있는지 이해하는 것이 중요하다.
굵은 선은 마디 안에 들어가는 박자를 나타낸다.

음악은 가능한 피하도록 한다. 큰 오케스트라가 적은 무용수들을 제압할 수 있기 때문이다. 이런 음악은 강도나 크기 면에서 다수의 무용수로 구성된 작품에 어울린다. 보통 삼중주나 사중주 등 적은 연주자로 구성된 음악이 무난하다. 덧붙이자면 유행음악을 쓰는 것은 추천하지 않는다. 관중이 이미 많이 들어 본 음악은 그 음악에 대해 각자 생각하는 이미지가 이미 머릿속에 기억되고 있으므로 안무에 대해 해석할 때 창의적 사고의 범위가 매우 제한적일 수 있다.

이러한 반주음악에 대한 제안은 대부분 모던 댄스(modern dance)나 모던 발레(modern ballet)에 해당되며, 지젤(Giselle)이나 코펠리아(Coppélia) 등 클래식 발레(classical ballet)의 경우 반주음악은 전통에 따르게 된다. 재즈 댄스(jazz dance)는 보통 재즈 음악을 사용하며, 이때 위에서 제시한 기준에 부합하는 재즈 음악을 선택하는 것이 좋다.

반주음악을 찾을 때는 다양한 자료를 연구한다. 주위 음반가게나 도서관도 좋다. 클래식(classical), 세미클래식(semiclassical), 재즈(jazz), 모던(modern), 일렉트로닉(electronic) 장르 등 다양한 장르를 취급하는 곳이면 더욱 좋다. 여러 군데의 음반가게와 도서관을 방문하라. 뉴에이지(new age), 명상(meditation), 민속(folk), 민족(ethnic), 세계적(world), 역사적(historical), 현대적(contemporary), 재즈 음악(jazz music) 장르도 살펴보라. 플루트(flute), 하프(harp), 타악기 앙상블(percussion ensemble)도 영감을 주는 음악이다. 또한 라디오를 들어 보는 것도 도움이 된다. 라디오를 들으면서 마음에 드는 음악이 있으면 받아 적고 인터넷이나 도서관에서 찾아보는 것도 좋다. 아니면 자신이 직접 작곡을 하거나 다른 사람에게 작곡을 의뢰할 수도 있다. 전통적인 음악부터 현대 음악까지 다양하게 작곡이 가능하며, 가사를 붙일 수도 있고 가사 없는 음악을 작곡할 수도 있다.

◆ 저작권 관련 사항

음악을 선택했다면 우선적으로 그 음악이 저작권 보호에 속해 있는지 확인한다.

어떤 음악을 공연에서 사용하고자 할 때에는 사용 전에 저작권에 대한 승인을 받아야 한다. 만약 작품이 완성된 후에 저작권 문제로 음악 사용이 거절된다면 많은 시간을 낭비하게 된다.

음악 사용과 관련된 규제는 법조계의 전문가에게 도움을 요청해도 좋다. 음악협회 혹은 작곡가협회, 작사자협회 등에서 관련 정보를 얻을 수 있다. Topaz(1995)는 음반사에 직접 연락하는 것을 제안하는데, 음반사를 통해 작곡가와 접촉하는 것이 가능하기 때문이다. 그리고 음악 사용 승인 관련 문서는 잘 보관해 두는 것이 중요하다.

공연 프로그램북에는 작곡가가 작품 제작에 참여한 것을 기록해야 한다.

◆ 반주음악 준비하기

안무가는 안무를 하기 전에 음악에 대한 구조를 이해해야 한다. 음악을 들으면서 리듬 패턴과 음악적 느낌에 익숙해져야 한다. Katherine Teck(1994)은 음악의 강약(dynamics), 음의 높낮이(pitch), 양식(style) 등을 이해해야 한다고 하였다. 강약은 소리의 크기, 음의 높낮이는 음계와 음의 범위, 양식은 음악의 시대나 문화적 내용을 뜻한다.

박자로 구성된 음악이라면 한 마디에 몇 박자인지 알아두는 것이 중요하다. 대개는 2/4, 3/4, 4/4 혹은 6/8 박자이다. 혼합 박자의 경우는 각 마디에 들어가는 박자가 마디별로 다를 수 있다(그림 1.9 참고). 일렉트로닉 음악의 경우는 박자 구조에 있어 좀 더 자유롭기 때문에 안무를 할 때 박자를 일일이 세면서 작업할 필요가 없다. 하지만 안무가는 음악에 반영된 특정한 패턴을 발견해낼 수 있어야 하기 때문에, 기본적으로 음의 변화나 느낌의 변화를 잘 이해하는 것이 중요하다. 무용수 역시 음악 내의 특정한 음에 익숙해져 있는 것이 중요한데, 이것을 동작의 신호로 사용할 수 있기 때문이다.

편안하면서 집중할 수 있는 상태에서 음악을 듣는다. 음악이 기본적인 아이디어나 느낌을 전달해 주는 것을 공감할 수 있을 것이다. 즉흥 안무를 시작하거나 음악을 동작으로 변형할 때에도 계속 집중한다. 특정한 동작이나 프레이즈가 만들어지는 것을 확인할 수 있다. 필요한 동작들을 기록해두면 추후 전체 작품을 위해 기록된 동작을 조절하거나 변형하여 사용할 수 있다.

잠시 동안 음악을 꺼둔다. 하지만 집중한 상태에서 계속 즉흥 안무를 한다. 이 기법은 동작을 명확하게 하는 데 도움이 된다. 그리고 다시 음악을 켜고 음악에 따라 동작을 해 본다. 이러한 과정을 계속적으로 반복한다.

안무와 반주음악은 다음과 같은 특성을 가지고 있어야 한다.

- 어느 하나가 다른 것을 저해하지 않는 서로 보완적인 성격을 띠고 있어야 한다.
- 관객이 볼 때 비슷한 양식을 가지며 비슷한 느낌을 떠올려 주게 해야 한다.
- 상호 연관성을 가지고 보완적 관계를 유지하면서 특정 부분에서는 통합될 수 있어야 한다.
- 어떤 상황에서는 안무와 매우 상이한 음악을 사용할 때도 있다. 이렇게 어울리지 않는 안무와 음악은 마치 의견이 대립하는 두 사람 사이에 흐르는 긴장감처럼 작품에 긴장감을 불어넣어 준다. 때로는 그러한 음악의 사용이 재미있는 느낌을 연출하기도 한다.

◆ 기술 익히기: 반주음악 준비하기

1. 만약 음악의 구조를 이해하지 못한다면 이 연습을 시작하기 전에 음악에 대한 기본적인 배경 지식을 쌓는 것도 좋다. 하나의 음악을 선택한 후 반복적으로 들으면서 그 구조를 분석해 본다. 박자, 리듬패턴, 강약, 높낮이, 분위기 등의 변화를 살펴본다.
2. 기본 박자에 맞추어 박수를 치다가 그 박자에 맞추어 몸을 움직여 보는 것으로 연습을 시작한다. 때로는 박자보다 조금 느리게 움직여 보기도 한다.

3. 같은 음악을 듣고 멜로디의 강약, 높낮이, 분위기가 어떻게 변화하는지 살펴본다. 이러한 변화와 어울리는 동작을 즉흥적으로 만들어 본다. 음악의 특성에 따라 높고, 낮거나, 넓거나, 대담하거나, 잔잔하거나 혹은 격렬한 동작을 이끌어간다.

4. 같은 음악을 다시 한 번 듣고 음악의 특성과 박자에 대한 느낌을 이끌어 낼 수 있도록 움직여 본다.

5. 특정한 박자가 없는 음악(nonmetric music)을 고른 후, 그에 맞추어 즉흥 안무를 해 본다. 분위기의 변화를 유의하고, 그런 변화가 동작에 어떻게 영향을 끼치는지 살펴본다.

제6절 영감의 이해

지금까지 무용의 창작 과정과 움직임 탐구, 즉흥 안무에 대해 살펴보았다. 이러한 과정을 이해함으로써 안무를 할 때 겪을 수 있는 어려운 문제들에 대처할 수 있는 능력이 향상될 수 있을 것이다. 앞에서 제시한 무용창작 과정의 모형을 통해 안무는 영감의 관찰에서 시작되고 감정적 반응을 통해 창작작업이 이루어진다는 것을 알 수 있다. 그러한 감정적 반응은 결국 자신의 기억과 상상이 결합되어 동작의 소재로 재탄생하게 된다. 이 장에서는 영감을 얻을 수 있는 여러 가지 요소들에 대해 알아보았다. 그리고 움직임을 탐구하거나 즉흥 안무를 할 때 적절한 분위기를 조성하여 창작작업에 좀 더 집중할 수 있는 방법도 살펴보았다. 또한 자신의 작품에 맞는 적절한 음악을 고르는 방법을 비롯하여 안무와 반주음악이 어떠한 상호 연관성을 가지는지도 알 수 있었다.

그림 1.10 (a)는 작고 멈춰 있는 반면에, (b)는 크고 활동적이다. (a)의 제목은 "집으로의 비행(Fly Away Home)"이고, (b)의 제목은 "미쉘(Michelle)"이다. (a)는 손가락의 무당벌레를 바라보며 입으로 부는 모습을 나타냈고, (b)는 앞으로 넘어질 듯한 형상을 하고 있다.

◆ 응용

＊ 창작

1. 움직임의 발견은 영감을 탐구하는 것에서부터 시작된다. 안무의 초기에 왜 영감이 중요한가?

2. 우리가 받을 수 있는 영감에는 어떠한 측면이 있는가? 예를 들어 조개껍질이나 식물이 자신의 영감이라면 어떤 것을 관찰할 수 있는가?

3. 안무의 초기 단계라고 가정했을 때, 그림 1.10의 (a)와 (b)의 조각상에서 어떠한 점을 관찰할 수 있는가?

4. 자신의 감정은 동작을 창작하는 데 있어 중요한 역할을 한다. 그림 1.10의 a와 b를 보고 느낀 점을 간략히 기술하라.

5. 기억과 상상은 무용창작 창의적 과정의 모형에 있어 중요한 요소이다. 자신의 기억과 경험이 무용창작 과정에서 어떠한 영향을 끼쳤는가? 예를 들면 자신의 기억에 남아 있는 이야기를 생각해 낸 후 그것이 즉흥 안무에 어떻게 도움이 될 수 있을지 얘기해 보자.

(예) 플로리다 해변에서 서핑을 하거나 조개를 주우며 보낸 여름의 기억에 대한 이야기.

6. 그림 1.10의 두 조각상에 연관되는 상상이나 기억이 있는가? 상상은 자신의 감각과 연관 지어 다양하게 만들 수 있다.

7. 각 조각상에 대한 느낌을 표현할 수 있는 두 가지 동작 프레이즈를 만들어 보자. 연관되는 자신의 기억이나 상상을 활용할 수 있다.

* 시연

1. 동기 부여에 대한 이해를 높이기 위해서는 어떠한 방식으로 움직임을 탐구해야 하는가? 동기 부여에 대한 자세한 예를 들고 그것을 시연해 보자. 그것을 시연해 본 것이 동기 부여에 대한 이해를 어떻게 높였는지 이야기해 보자. 예를 들어 어깨에 대한 움직임 탐구는 그 관절을 사용하여 가능한 동작에 대한 이해를 높인다.

2. 즉흥 안무가 영감에 대한 이해를 어떻게 더 높여줄 수 있나? 영감에 대한 즉흥 안무의 예를 들고 그것이 영감에 대한 이해를 어떻게 높였는지 설명하라.

3. 위에서 창작한 두 가지 동작 프레이즈를 시연해 보자. 시연 이후 조각상에 대한 느낌에 변화가 있었는가?

4. 두 개의 조각상에 대한 두 가지 동작 프레이즈를 다시 시연해 보자. 어떤 동작이 시연하기 쉬웠는가? 왜 그것이 다른 것보다 시연하기 쉬웠다고 생각하는가?

5. 두 가지 동작 프레이즈를 시연할 때 몸이 어떠한 것을 느꼈는지 설명하라.

(예) 팽창하는 느낌, 긴장된 느낌, 안정된 느낌, 흐르는 느낌.

* 성찰

1. 거울 앞에서 두 가지 동작 프레이즈를 다시 한 번 시연하라. 두 가지 동작 프레이즈를 어떻게 표현하였는가? 예를 들면 동작이 높았나? 낮았나? 형태는 넓었나? 좁았나?

2. 두 가지 동작 프레이즈를 시연하는 자신의 모습을 녹화하라. 영상을 보고 난 후 동작에 대한 묘사에 변화가 나타났는가?

3. 자신의 동작 프레이즈가 조각상에 어떤 방식으로 유사하다는 것을 발견했는가?

4. 자신이 시연한 동작이 조각상과 어떻게 다르게 표현되었나?

5. 거울 혹은 영상을 본 후에 동작 프레이즈에서 바꾸고 싶은 점이 있는가?

◆ 안무 과제

　시각, 청각, 촉각, 운동감각, 소도구, 멀티미디어, 이미지 중에서 하나를 선택한 후 그 영감에 대한 실제 예를 찾아본다. 만약 시각적 영감이라면 패턴이 있는 그림이나 사진을 찾는다. 촉각적 영감이라면 헝겊이나 사물을 골라 그것을 만져보고 특별한 감촉이 있는지 찾아본다. 그리고 무용창작 과정의 다음 단계로 넘어간다.

* 안무 준비하기

- 영감을 선택했다면 관찰을 통해 영감에 대해 연구한다. 세세한 부분까지 주의 깊게 살펴보고 그것이 각기 다른 감각에 어떻게 작용하는지 살펴보자. 영감은 한 개 이상의 감각에 동시에 작용할 수 있다. 그리고 자신에게 여러 가지 질문을 던져보자. 예를 들어 그 영감에 어떠한 색깔이나 패턴이 보이는지, 그 영감에 소리가 나거나 특별한 질감이 있는지 확인한다.

- 영감에 대한 조사를 시작하라. 만약 그림이라면 그 화가의 스타일과 그가 왜 이 그림을 그렸는지에 대한 조사를 해 보자. 만약 어떠한 천의 패턴이라면 왜 그 천이 만들어졌고 어떠한 방법으로 날염을 했는지 알아보자.

- 춤의 구조에 한 부분이 될 기법의 요소들에 대한 고민을 시작해 보자.
  (예) 무대연출, 무용수 간의 교감, 동작의 다양화 등.

* 감정, 기억, 상상에 대해 분석하기

- 영감에 대한 관찰이 끝났으면 그것에 대해 조사를 실시한 후 영감에 대한 자신의 감정적 반응을 분석해야 한다. 영감에 대한 반응은 하나일 수도 있고 여러 가지일 수도 있다.
- 영감을 관찰한 후 일어나는 여러 가지 감정을 적어 보자. 추가로 영감이 어떠한 기억과 상상을 불러일으키는지 적어 보자.

* 즉흥 안무를 통해 감정적 반응 탐구하기

- 즉흥 안무를 통해 자신의 감정적 반응을 탐구해 보자.
- 즉흥 안무 시 떠오르는 기억이나 상상에 집중하자. 이 과정이 익숙해질 때까지는 오랜 시간이 걸릴 것이다.

* 움직임 발견과 변형하기

- 즉흥 안무를 하면 할수록 여러 가지 움직임들을 발견하게 되는 것을 느낄 것이다. 그 움직임들이 추후 작품에 반영되므로 항상 메모해놓는 것이 중요하다.
- 자신이 발견한 움직임들을 어떻게 엮을지에 대해 고민해 보자.

제2장
무용의 구성과 형태

제2장
무용의 구성과 형태

즉흥 안무를 통해 동작과 프레이즈를 찾아냈다면 이제 본격적으로 무용을 구성하고 형태를 만들 차례이다. 여기서 안무의 기법이 중요하다. 안무의 기법은 안무가가 동작에 형태를 불어넣어 주는 작업으로 작품에 통일성을 주며 동작을 다양화시키는 과정을 거치는데 이러한 작업을 통해 반복되는 동작도 지루하지 않고 흥미롭게 인식될 수 있게 한다. 또한 안무가는 무용수를 무대 공간의 어디에 배치해야 최대 효과를 낼 수 있는가를 판단해야 한다. 무용수의 적절한 배치를 통해 작품이 관객에게 더 효과적으로 보일 수 있게 하고, 무용수들 간에도 의미 있는 관계를 형성할 수 있게 한다.

여러 가지 기법을 통해 안무가는 작품에 대한 가능성을 탐구하고 어떠한 것이 작품에 어울릴지에 대한 심미적 판단을 한다. 무용창작 과정의 창의적 모형에 근거를 두고 다양화(varying), 정리(arranging), 재배열(rearranging) 과정을 통해 발견한 동작들을 작품에 반영한다(그림 1.1, 1.2 참고). 제1장에서도 언급했듯이, 무용창작 과정은 순환적이기 때문에 새로운 동작을 발견하기 위해서는 언제나 영감을 찾는 처음 단계로 다시 돌아올 수 있다. 심지어 잠시 작품에 대한 생각을 접어두었다가 다시 돌아올 수도 있다.

제1절 움직임의 변형

움직임을 탐구하는 과정에서 특정한 방법으로 특정한 요소를 연기하는 것이 더 쉽다고 느끼게 될 수도 있다. 예를 들면 넓은 공간, 빠른 움직임, 일관된 에너지 혹은 둥근 신체 형태를 선호할지도 모른다. 연기하기 쉽거나 편한 동작은 자신에게 내재되어 있는 동작의 선호도에 맞기 때문에 그렇게 느껴질 것이다. 하지만 유의해야 할 점은 공간, 시간, 에너지, 신체 형태를 더욱 확장시켜 자신의 동작 어휘(movement vocabulary)를 늘려나가야 한다는 것이다. 움직임의 변형은 곧 이러한 요소들을 다양화시키는 과정이다.

움직임 변형 시 안무가는 공간, 시간, 에너지, 형태의 이해를 기반으로 하여 동작을 다양화할 수 있다. 각각의 요소는 인간의 행동에 대한 중요한 측면이 된다. 동작은 공간 안에서 일어나며, 시간이 걸리고, 에너지를 요하며, 여러 가지 형태의 구성을 통해 완성될 수 있는 것이기 때문이다.

◆ 공간

공간은 방향, 크기, 높낮이, 시선의 측면을 포함한다. 동작은 앞, 뒤, 양옆의 방향으로 움직일 수 있다. 또한 대각선의 앞뒤 방향으로도 움직일 수 있다(그림 2.1 참고). 무용수는 이 여덟 가지 방향으로 움직일 수 있고 단순히 여덟 가지 방향으로 바라보는 데서 시작할 수 있다(여기서 무용수는 여덟 가지 방향 이외에 무수히 많은 방향으로 움직일 수 있지만, 이론적으로 접근하기 위해 여덟 가지로 제한한다). 또한 무용수는 계속적으로 방향을 바꾸고 움직이면서 여러 가지 진로나 무대 구도를 만들 수 있다.

안무가는 여러 가지 크기의 가능성을 두고 안무를 창작할 수 있다. 또한 높낮이를 변경할 수 있으며 시선에도 변화를 줄 수 있다. 같은 동작을 하는데도 시선을 어디다 두느냐에 따라 다른 효과를 안겨줄 수 있다(그림 2.2 c 참고). 이 모든 변화가 같은 동작을 다르게 느껴지게 한다. 따라서 같은 동작을 여러 번 사용할 수 있는 기회를 제공한다. 공간적 요소를 다양화하는 것은 기술 익히기 훈련을 통해 배울 수 있다.

◆ 기술 익히기: 공간

* 방향
다음은 공간적 측면에서의 방향 조절에 대한 훈련이다.

그림 2.1 여러 무용수들이 다른 방향을 보는 것은 관중에게 다양한 효과를 준다.

1. 서서 구부리거나, 비틀거나, 손을 뻗거나, 스트레칭을 하는 등의 간단한 비이동 움직임을 하라. 동작을 하는동안 거울 속의 자신을 관찰한다. 다른 방향을 바라 보고 같은 동작을 하라.

2. 앞, 뒤, 양옆, 대각선 등 여러 가지 방향으로 걸어 본다.

3. 기본 걸음걸이로 걷는다. 걸으면서 특정한 박자에 방향을 바꾸어 본다. 예를 들 어 8번째, 4번째, 2번째 박자마다 한 번씩 방향을 바꾼다. 그리고 매 박자마다 방

그림 2.2 (a) 세 명의 무용수가 같은 동작을 하고 있지만 크기에 변화를 주었다. 오른쪽은 가장 작게, 왼쪽은 가장 크게 동작을 하였다. (b) 같은 동작이지만 높낮이에 변화를 주었다. (c) 시선의 높이에 변화를 주어 같은 동작임에도 다른 느낌을 연출할 수 있다.

향을 바꿀 때 어떤 차이점이 있는지 느껴본다.

4. 16박자 동안 걷는다. 자신이 원하는 특정한 박자에 방향을 바꾼다. 다른 박자에 다른 방향으로 다양화하며 여러 가지를 시도해 본다.

5. 2번째와 4번째 연습을 달리기, 미끄러지기, 뛰어오르기, 멀리뛰기, 깡총뛰기 등의 이동 움직임을 변형하여 시도한다.

6. 24박자 길이의 동작 시퀀스를 만든다. 3개의 비이동 움직임과 2개의 이동 움직

임을 넣어 구성한다. 이 시퀀스에 방향을 바꾼 동작을 이용해 다양화한다.

7. 유명한 안무가의 안무 영상을 보고 짧은 시퀀스를 하나 선택한다. 시퀀스에서 방향에 변화를 주어 동작을 다양화한다.

* 크기

다음은 공간적 측면에서의 크기와 관련된 훈련이다.

1. 손 흔들기 등 일반적인 제스처를 고른 후 그 제스처를 얼마나 작게 할 수 있는지 실험한다.

2. 위의 제스처를 반복적으로 연기하되 더 이상 커질 수 없을 때까지 점점 동작을 키워나간다. 크기의 변화가 있을 때 운동감각적인 느낌의 차이에 주목한다.

3. 이동 움직임의 크기를 다양화해 본다. 크기의 변화에 따른 차이를 느껴본다. 대부분의 움직임에는 편안하거나 안정된 크기가 있는 것을 느낄 수 있을 것이다.

4. 일반적인 제스처와 이동 움직임을 사용하여 30박자 길이의 시퀀스를 만든다. 이야기를 바탕으로 구성해도 좋다. 그 다음에 동작의 크기를 바꿔 시퀀스에 변화를 준다. 이 변화가 전체적인 분위기에 어떠한 영향을 끼치는지 살펴본다.

* 높낮이

다음은 공간적 측면에서의 높낮이와 관련된 훈련이다.

1. 움직임의 높낮이에 변화를 주어 걸어 본다. 높낮이의 변화에 따른 신체의 변화를 살펴본다.

2. 이동 움직임을 하면서 높낮이의 변화를 시도한다.

3. 걸을 때 8번째, 4번째, 2번째 박자에 높낮이를 바꾼다. 그리고 매 박자마다 높낮이를 바꾸어 본다.

4. 종이에 동작 열 개를 적어 본다. 예를 들면 밀기, 앉기, 물건 집어들기 등이 있겠다. 그 중 다섯 개를 선택하여 하나의 시퀀스로 만들어 본다. 각 동작을 몇 번 연기할 것인지와 동작의 순서를 결정한다(동작과 동작 사이에 연결 동작을 넣어

그림 2.3 상반신의 자세를 달리하여 동작에 변화를 주었다.

야 할 것이다). 마지막으로 높낮이에 변화를 주어 다양화한다.

5. 유명한 안무가의 작품 영상을 보고 짧은 시퀀스를 하나 선택한다. 높낮이에 변화를 주어 동작을 다양화한다.

* 시선과 무대구도

다음은 공간적 측면에서의 시선과 무대구도에 관련된 훈련이다.

1. 공간을 걸어 다니면서 시선(걸을 때 눈과 얼굴이 향하는 방향)을 바꾸어본다. 시선이 위, 아래, 좌, 우로 바뀔 때마다 달라지는 느낌에 주목하라.

2. 걸을 때 동작의 방향에 시선을 두고 그 다음에 시선을 동작의 방향에서 멀어지게 하는 것을 반복한다.

3. 워킹 스텝(walking step)으로 원형, 사각형, 삼각형 등 기하학적 형태를 띠도록

걷는다. 이러한 형태가 무대구도이다.

4. 위의 훈련의 일환으로 같은 무대구도를 사용하면서 시선에 변화를 준다.

5. 같은 무대구도를 사용하면서 같은 동작을 할 때 시선의 변화를 안무로 연출하라.

6. 새로운 무대구도를 만든다. 공간을 전체적으로 쓸 수 있는 구도여야 한다. 구불거리거나 곧은 진로를 사용해 보자. 워킹 스텝으로 무대구도를 따라 걸어 본다. 구도를 따라 움직일 때 방향의 변화가 있다는 것을 느낄 수 있을 것이다. 미리 정해놓은 진로를 따라가 보고 이번에는 시선을 바꾸어본다. 동작의 크기와 높낮이를 조절하여 다양화 할 수 있다.

7. 정해진 무대구도에 팔 동작을 추가하여 다양화할 수 있다. 다리는 같은 무대구도와 보행스텝을 유지하면서 팔은 다른 방향으로 움직일 수 있다. 팔로 원 모양을 긋거나 각진 모양을 그려보자.

8. 자세에 변화를 주는 것은 동작을 다양하게 하는 방법 중 하나이다. 같은 무대구도를 유지 하되 몸의 자세를 바꿔본다. 상반신을 뒤로 젖히거나, 옆으로 기울이거나, 앞으로 숙여보자(그림 2.3 참고).

9. 이 동작의 패턴을 거꾸로 해 본다. 뒤에서 앞으로 연기해 보자.

10. 자신의 이름을 무대구도로 사용해 보거나 무작위로 글자나 숫자를 무대구도로 정한 후 시퀀스를 만들어 보자.

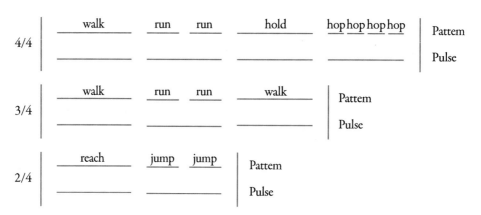

그림 2.4 윗줄의 선은 리듬 패턴을 의미하고 밑줄은 비트를 의미한다.

◆ 시간

안무가는 시간에 변화를 주어 동작을 다양하게 만들기도 한다. 음악의 비트에 맞추어 춤출 때는 템포에 변화를 주는 것이 가장 쉬운데, 예를 들어 비트보다 빠르거나 느리게 움직이면서 다양화할 수 있다. 또한 시간을 이용해 동작을 다양하게 하고자 할 때 강세와 리듬의 변화를 익히는 것이 중요하다. 시퀀스에서 강조하고 싶은 부분이 있다면 동작을 크거나 강하게 하여 강세를 표현한다. 무용수가 어떤 프레이즈에서 템포의 변화를 줄 때 특정한 리듬 패턴이 만들어진다. 정적이나 동작을 잠시 정지하는 구간을 추가하는 것도 리듬 패턴을 만드는 데 도움이 된다.

◆ 기술 익히기: 시간

1. 팔로 원 그리기 등 간단한 동작을 고른다. 템포를 점차 빠르게 하고 다시 느리게 해 본다.
2. 보행스텝 시 템포를 느리게 그 다음엔 빠르게 하며 템포의 변화를 준다. 동작을 빠르게 하는 것이 가능한 사람도 있지만 그렇지 않은 사람도 있을 것이다. 예를 들어 가속하고 있는 동작의 템포를 갑자기 늦추는 것은 어렵기 때문에 이 훈련을 통해 템포를 급격히 변화하는 것에 대한 실험을 다양하게 해 보자.
3. 공간영역에서 훈련했던 무대구도 중 하나를 고른 후 템포를 변화시켜 동작을 다양화해 본다.
4. 시선과 무대구도 연습에서 시도했던 구도 중 하나를 고른 후 정적을 적절히 추가한다.
5. 동작에 강세를 추가하는 것으로도 시간에 변화를 줄 수 있다. 예를 들어 걸으면서 한 팔로 강세를 줄 수 있는 동작을 연기한다. 특정한 박자에 강세를 주는 것으로 시작한다. 예를 들어 4/4박자에서는 첫 번째와 세 번째 박자에, 그 다음엔 두 번째와 네 번째 박자에 강세를 주자. 두 번째와 네 번째 박자에 강세를 주는

것은 싱코페이션(syncopation: 당김음)이라고 불린다. 이 훈련을 2/4박자, 3/4박자, 6/8박자의 동작에도 이용해 보자.

6. 5번의 훈련을 팔 이외 다른 부위를 사용하여 연습해 보자.

7. 비트에 맞추어 한걸음씩 움직여 본 후 동작의 템포를 변화해 리듬을 만들어 본다. 예를 들어 음악의 박자보다 느리거나, 빠르거나 혹은 정박자에 움직여 보는 등 계속적으로 다양한 변화를 준다.

8. 8박자 길이의 리듬 패턴을 만든다. 이 탐구는 리듬패턴에 대한 표를 만들어 보면 이해가 쉬울 것이다(그림 2.4 참고). 우선 패턴에 맞추어 박수를 쳐 보고 그 패턴에 맞는 동작을 만들어 본다. 변형하지 않고 한 번 이상 그 패턴에 따라 추어본다.

9. 정적을 포함시키고 이전보다 긴 길이의 패턴을 만든다.

10. 세 번째 리듬 패턴을 새로 만들고 소리를 이용해 패턴을 연습해 본다. Teck(1994)은 손으로 가슴 때리기, 비비기, 긁기, 휘두르기, 내려치기 등 신체를 이용한 소리를 쓰는 것을 제안하였다. 동작과 패턴만 따로 반복하여 본다.

11. TV를 켜고 상체와 손을 이용한 제스처를 하고 있는 사람이 나오는 프로그램을 고른다. 소리를 제거한 후 그 사람의 제스처를 따라 해 본다. 그리고 그 제스처를 빠르게 혹은 느리게 등 다른 템포로 재연기 해 본다. 다른 템포로 연기했을 때 신체의 변화를 느낄 수 있었는가?

템포를 다르게 하고 강세나 정적을 추가하는 것으로 새로운 동작 패턴을 발견할 수 있다. 새로운 패턴과 기존의 패턴을 비교해 보자.

◆ 무용 에너지

에너지는 동작을 몰고 나가게 하는 원동력이다. 에너지는 어떠한 동작을 시작하게 하기도 하고 끝낼 수도 있다. 무용에서의 에너지는 지속적인, 두들기는, 진동하는, 흔들리는, 떠 있는, 무너지는 에너지 등의 여섯 가지 유형으로 설명할 수 있다.

- 지속적인 에너지를 이용한 동작에서는 무용수가 흐름에 맞추어 부드럽고 연속적인 동작 제어가 가능하다. 이런 동작은 쉽게 멈출 수가 있지만 강약을 표현하기 어렵고 분명한 도입과 마무리를 표현하기 어렵다.
- 두들기는 에너지는 지속적인 에너지와는 반대로 날카롭고 강하다. 순간적인 에너지를 가해 강조를 할 수 있으며, 도입과 마무리를 분명하게 표현할 수 있다. 작은 두들기는 에너지를 사용한 동작은 '스타카토'라고 불린다.
- 진동하는 에너지를 이용한 동작은 단어 그대로 떨리거나 흔들리는 느낌을 표현한다. 이런 동작은 조마조마한 효과를 내는데 위와 같은 충격 동작을 빠르게 했을 때와 비슷한 효과를 준다.
- 흔들리는 에너지는 둥근 아치 모양이나 곡선을 그린다. 이 동작을 할 때에는 몸을 편안하게 한 후 아래로 내려가는 동작에는 중력을 수용하고 위로 올라가는 동작에는 에너지를 적용한다. 신체 부위를 흔드는 정도와 관절의 본성에 따라 템포와 리듬이 결정된다. 흔들기 동작은 매우 반복적이다.
- 떠있는 에너지는 무용수들이 공간 위를 맴도는 동작으로 마치 중력에 저항하는 듯한 착시효과를 준다. 뛰었을 때 가장 높은 곳에서 머무르는 순간 떠 있는 듯한 느낌을 느낄 수 있고 숨을 완전히 들이쉬면 그 동작은 마무리된다.
- 무너지는 에너지는 긴장을 분출하는 느낌으로 느리거나 혹은 빠르게 연기할 수 있다. 느리게 무너지는 동작을 할 경우에는 중력에 몸을 맡기고 천천히 바닥에 떨어진다. 느리게 무너지는 동작은 아래로 녹아 들어가 흘러내리는 느낌을 표현할 수 있는 반면에 빠르게 무너지는 동작은 무용수가 재빠르게 바닥으로 떨어지는 것이다.

이러한 다양한 에너지의 사용은 작품에서 동작을 단조롭지 않게 한다. 안무가는 반주음악의 분위기 변화를 보완하거나 작품의 의도를 잘 전달하기 위해 다양한 에너지를 사용할 필요가 있다.

◆ 기술 익히기: 무용 에너지

1. 에너지의 운동감각적 이해는 발성을 통해 높일 수 있다. 이 훈련에서는 노래를 부르는 것을 통해 여러 가지 에너지를 사용해 볼 것이다. 예를 들어 바람이나 휘파람을 계속적으로 부는 것은 지속적 에너지를 이용한 것이고, 갑자기 소리치거나 돼지가 꿀꿀대는 소리는 두들기는 에너지를 사용한 것이다. 윗입술에 혀를 빠르게 반복적으로 펄럭거리며 내는 소리는 진동의 에너지를 이용한 것이다. 각 여섯 가지의 에너지에 부합하는 소리를 찾았다면 그 소리를 반주 삼아 동작을 연기해 보자. 자신이 연기하는 동작의 에너지가 소리를 내는 에너지와 같아야 한다.

2. 하나의 동작(예: 밀기)을 선택 한 후 각 여섯 가지의 에너지를 이용하여 그 동작을 연기해 본다. 각 여섯 가지의 에너지를 이용할 때마다 몸에서 느껴지는 느낌에 집중하고 에너지를 바꿔 사용할 때마다 공간, 시간에 어떠한 차이가 있는지 살펴본다.

3. 여러 음절의 긴 단어 하나를 생각해 본다. 각 음절을 몇 번 반복할지 결정하고 각 음절마다 다른 발성의 에너지를 이용하여 소리 내어 본다. 각 음절의 특성과 어울리는 동작을 단어를 소리 내어 읽는 내내 연기한다.

4. 무용 시간에 배운 동작이나 프레이즈를 고른 후 그 패턴을 연습한다. 그리고 각 동작을 연기할 때 쓰는 에너지를 각각 다르게 하면서 연습해 본다.

5. 비이동 움직임과 이동 움직임을 섞어 자신만의 동작 프레이즈를 만든다. 비이동 움직임과 이동 움직임의 개수와 순서를 정한 후 이 패턴을 여러 번 연습한다. 마지막으로 에너지의 사용에 따라 동작을 다양하게 변형한다.

6. '시간' 훈련의 11번에서 사용했던 TV프로그램의 제스처를 다시 사용하는데 이번에는 에너지에 따라 동작을 다양하게 변형한다. 에너지가 변화함에 따라 제스처에도 변화가 있었는지 확인한다.

◆ 개별적 신체 형태

  형태는 협의적으로 신체 부위의 배치를 뜻하며, 광의적으로는 한 공간에서 신체가 전체적으로 어떻게 자리 잡는지를 뜻한다. 인간의 몸은 둥글거나, 각지거나 혹은 그 둘의 성질을 함께 가지고 있기도 하다. 무용수는 신체를 움직이면서 다양한 형태를 발견하게 되고, 신체 형태에 변화를 주면서 동작을 다양화할 수 있다. 또한 몸을 넓게 혹은 좁게 쓰거나 높게 혹은 낮게 쓰면서 다양한 형태를 만들 수 있으며, 균형 잡히거나 대칭의 형태 혹은 불균형하거나 비대칭적인 형태를 만들 수 있다. 대칭의 형태는 몸의 오른쪽과 왼쪽이 일치하는 것을 의미하며, 이것은 무용수가 종이라고 가정했을 때 가운데를 두고 접으면 양쪽의 면이 동일하다는 뜻이다. 비대칭의 형태는 양쪽이 일치하지 않는 것을 의미한다. 보통 비대칭의 형태는 중심에서 벗어나 있는 상태의 불안정한 모습을 띠고 있기 때문에 마치 무용수가 금방이라도 움직일 듯한 모습을 하고 있어 보는 관객의 입장으로서 더 흥미롭다(그림 2.5 참고).

그림 2.5 상단의 무용수는 대칭의 신체 형태를,
하단의 무용수는 비대칭의 신체 형태를 하고 있다.

◆ 기술 익히기: 개별적 신체 형태

1. 자연스럽게 신체 형태를 만든 후 이 형태에 따른 운동감각적 느낌에 집중한다. 예를 들어 넓은 형태와 좁은 형태에서 느낄 수 있는 감각이 다를 것이다. 다른 형태를 시도하고 각각의 형태에 따른 느낌에 다시 한 번 집중해 본다.

2. 자신이 만들 수 있는 다양한 신체 형태를 탐구하기 위해 전신 거울을 사용한다. 높이, 넓이, 각도에 변화를 주며 다양한 형태를 시도해 보자.

3. 대칭과 비대칭의 신체 형태를 여러 개 찾아보고 각각의 형태를 거울로 자세히 살펴본다. 각각의 형태가 왜 다르게 보이는지 탐구해 보고 어떤 형태가 가장 흥미로웠는지 찾아본다.

4. 자연스럽게 공간을 돌아다니다가 갑자기 멈춘 후 재미있는 형태를 만들어 본다(누군가가 박수를 친다든지, 드럼을 치는 등의 신호에 맞추어 멈추는 것도 좋다. 소리가 멈추었을 때 형태를 만든다).

5. 여러 가지 신체 형태를 하나로 연결한다. 하나의 형태에서 다른 형태로 넘어가는 연습을 한다. 신체 형태를 연결할 때 공간, 시간, 에너지를 이용하여 다양한 연결동작을 만들어 본다. 예를 들어 시간을 이용한 방법으로는 하나의 형태에서 다른 형태로 넘어갈 때 매우 느리게 혹은 매우 빠르게 넘어갈 수 있다. 형태에 변화를 주는 연결동작으로는 직선의 진로를 이용하거나 혹은 곡선의 진로를 이용할 수 있겠다. 마지막으로 앞서 언급했던 여러 가지 에너지를 이용하여 연결 동작을 다양화할 수 있다.

6. 소도구 하나를 고른다. 소도구를 이용해 많은 형태를 만들 수 있다는 것을 기억하자. 거울을 이용하여 만들 수 있는 신체 형태를 탐구해 본다.

7. 하나의 신체 형태를 만들고 이것을 다른 무용수의 신체 형태와 연결 지어 본다. 다른 무용수와 같이 움직이면서 두 형태가 한 공간에서 섞이도록 한다. 위로, 아래로, 빙 둘러 혹은 다른 무용수를 통과하며 움직인다. 두 명의 무용수가 움직이는 신체 형태가 어떻게 변화하는지 지켜본다. 이때 만들어진 형태의 시퀀스나

연결동작을 나중에 다시 활용할 수 있게끔 기억하도록 노력한다. 공간, 시간, 에너지의 사용을 변화하여 동작을 다양하게 변형해 보자(그림 2.6 참고).

8. 컴퓨터를 사용하여 디자인을 만든 후 그중 몇 가지를 선택하여 따라해 본다(그림 2.7 참고).

그림 2.6 두 무용수가 서로 하나의 형태를 만들며 움직이고 있다.

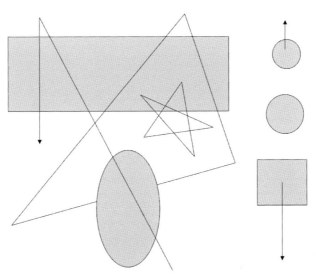

그림 2.7 파워포인트를 사용하여 만든 디자인

◆ 그룹 형태

무용수들은 작품을 연기할 때 여러 가지 그룹 형태로 움직인다. 안무가는 그룹의 너비, 각도, 대칭의 정도를 고려하여 무용수들을 배치한다.

그룹 형태를 만들 때는 무용수들이 마치 완성된 전체 그림처럼 하나로 보여야 한다. 대칭적인 그룹 형태는 양쪽의 무용수가 정확히 일치해야 한다. 비대칭의 경우는 불균형한 신체 형태에 양쪽의 무용수가 일치하지 않는다(그림 2.8 a, b 참고). 이와 같이 그룹을 배치할 때는 우선 전체적인 그림을 생각한 후, 그 그림의 초점이 어디 있는지 살펴봐야 한다. 안무가는 정적 또는 역동적인 그룹 형태를 작품의 분위기에 적절하게 구성하도록 한다.

그림 2.8 (a) 대칭 그룹 형태의 예

◆ 기술 익히기: 그룹 형태

1. 우선 대칭의 그룹 형태를 여러 개 만든다. 그 그룹 형태가 비대칭이 되도록 무용수를 재배치한다. 만약 무용수들이 잘 배치되었다면 자신이 전체적인 배치를 보았을 때 어색한 곳이 없어야 한다. 각 그룹의 초점을 찾아보고 무용수들이 팔과 다리로 만드는 선을 관찰한다. 무용수의 신체 모든 부위가 직선을 이루도록 그룹 형태를 만들어 본다. 반대로 모든 무용수가 곡선을 이루도록 그룹 형태를 만들어 본다. 마지막으로 같은 그룹을 유지하되 직선과 곡선을 혼합해 본다.

2. 같은 그룹 형태는 유지하되 그 안의 무용수를 재배치하여 새로운 동작을 만들어 본다. 그리고 무용수들이 하나의 형태에서 멈춰있기보다는 그 그룹 내에서

그림 2.8 (b) 비대칭 그룹 형태의 예

움직일 수 있도록 유도한다. 한 그룹에서 다른 그룹으로 넘어갈 때 연결 동작을 무용수들이 자유롭게 할 수 있도록 유도한다. 이 연결동작은 한 그룹에서 다른 그룹으로 직접적으로 가는 직접적 진로(direct pathways)가 될 수도 있고, 돌아가는 간접적 진로(indirect pathways)가 될 수도 있다.

3. 그룹 형태를 만드는데 한 무용수가 형태를 만들고 그 다음 무용수들이 첫 번째 무용수의 동작을 연결 지어 하나의 그룹을 만들도록 한다. 첫 번째 무용수를 재배치하면서 새로운 그룹 형태를 이끌어 낼 수 있다.

◆ 네거티브 스페이스

네거티브 스페이스(negative space)는 개별적 신체 형태나 그룹 형태 모두에서 일어나는 현상으로 무용수의 신체부위나 각 무용수 간에 생기는 빈 공간을 뜻한다(그림 2.9 참고).

◆ 기술 익히기: 네거티브 스페이스

1. 자신의 신체 형태를 다시 한 번 살펴본다. 거울 속에 비치는 모습을 보면서 신체 부위 간의 공간이 어떤지 살펴보고 전체적인 형태를 살펴본다.

2. 여러 가지 형태에서 움직여 보고 네거티브 스페이스의 크기와 형태 변화를 관찰한다.

3. 여러 무용수들을 그룹 형태로 배치한 후 네거티브 스페이스의 크기와 형태를 관찰한다.

4. 3번 훈련의 일환으로 그룹 형태로 배치되어 있는 무용수들을 움직이게 한 후 네거티브 스페이스의 변화를 살펴본다.

5. 무용수들 간의 공간과 그들의 신체부위 간의 공간을 강조한 여러 가지 그룹 형태를 연결한 안무를 만든다.

그림 2.9 각 무용수 간에 생기는 빈 공간을 네거티브 스페이스라고 부른다. 이 그룹 형태의 초점은 가운데 무용수의 허리에 위치해 있다.

제2절 움직임과 의사전달

움직임을 이용한 의사전달은 때로는 안무의 목표가 되기도 한다. 어떤 때에는 움직임 그 자체에 집중한 무용을 만들기도 한다. 후자는 주로 공간, 시간, 에너지, 형태 등을 이용해 움직임을 변형하여 동작을 다양화하는 데에 목표를 가지고 있다.

두 가지 모두 관객에게는 메시지를 심어 줄 수 있다. 일상생활에서 쓰이는 어떤 제스처의 의미를 파악해 보자. 예를 들어 손을 흔드는 제스처는 우호적인 반면 치거나 때리는 제스처는 공격적이거나 위협적인 행동으로 해석된다. Humphrey(1987)는 모든 동작은 어떠한 동기를 가지고 만들어졌다고 이야기한다.

Hawkins(1988)는 동작은 감정을 전달하는데 이것은 동작에 쓰이는 여러 가지 요소 때문이라고 하였다. 사람들은 다양하게 사용된 요소들의 의미를 인식하게 되지만, 주로 잠재의식 속에서 어떤 감정을 전달받게 된다. 예를 들어 공간을 크게 사용하는 것은 대담함을 나타내지만 공간을 작게 사용하는 것은 소심하거나 자신이 없다는 것을 뜻한다. 마찬가지로 시선이 위를 향하는 것은 행복한 것을 나타내고 시선이 아래를 향하는 것은 슬픔을 나타낸다. 또한 재빠르게 움직이는 것은 절박함 혹은 화를 나타내는 반면에 느리게 움직이는 것은 피곤하거나 침착한 상태를 나타낸다. 비활동적인 동작은 약함을, 활동적인 동작은 강함을 표현하기도 한다.

◆ 기술 익히기: 움직임과 의사전달

1. 공공장소에 있을 때 타인의 동작을 관찰하라. 굉장히 흥미로운 경험이 될 것이다. 사람들이 어떻게 움직이는지, 자세는 어떤지를 주의 깊게 살펴보라. 대부분의 사람들이 몸의 중심을 약간 앞에 두고 걷는 경향이 있다. 이외에도 사람들은 뒤로 기대서 걷거나 턱을 앞으로 내밀고 걷기도 한다(그림 2.10 참고). 또한 사람들이 이야기할 때의 제스처를 관찰하라. 공간, 시간, 에너지, 형태를 연관 지어 관찰해 보자. 컴퓨터에 여러 가지 행동을 기록한다(그림 2.11 참고). 이러한 제스처는 문화와 밀접한 관련이 있다.

2. '기술 익히기– 시간'에서의 TV훈련으로 돌아가 보자. 소리를 제거한 상태에서 TV에 나오는 사람의 제스처에 집중해 보자. 어떤 메시지를 전달하고자 하는 것인지 생각해 보자.

3. 만약 TV에 나오는 사람이 한 사람 이상이라면 여러 제스처가 전달하는 메시지

를 비교해 보자. 두 제스처가 전달하는 메시지가 일치하는가? 불일치하는가?

4. '기술 익히기 – 방향'에서의 유명한 안무가의 작품을 이용한 훈련으로 돌아가 보자. 이번에는 공간, 시간, 에너지, 신체 형태의 사용을 연구하며 무용수의 연기를 관찰한다. 무용수는 여러 요소들을 사용하며 어떤 메시지를 전달하려 했는가?

그림 2.10 여러 가지 보행 자세는 관객에게 각각 다른 느낌을 준다.

그림 2.11 뻗기, 손 흔들기, 주먹으로 찌르기 등 여러 가지 제스처의
의미를 이해해 보자.

제3절 전체적인 이미지 형성

자신의 안무를 볼 때 액자 안의 그림 혹은 여러 가지의 그림의 연속이라고 생각해 보자. 무대는 프로시니엄 아치(proscenium arch) 형태를 갖추고 있으며, 액자의 역할을 한다. 그리고 무용수들은 그림에서의 색깔, 선, 형태를 나타내는 요소와 같다(그림 2.12 참고). 이 모든 것이 전체적인 그림에 잘 맞는지 확인해 보자. 무용수들 간의 공간 역시 전체적인 그림에서는 빈 공간이 아닌 그림의 일부분이기 때문에 유의해서 살펴본다. 그 공간은 마치 살아 숨 쉬는 것 같이 따로 움직이는 것처럼 보이는데 이 빈 공간 역시 춤의 일부분이기 때문이다.

많은 비평가들은 빈 공간이 왜 안무의 일부분이 되는지에 대한 분석을 시도했다. 공연이 시작되기 전까지 관객들은 빈 공간을 그저 넓은 열린 공간으로 생각한다. Hawkins(1988)는 빈 공간에 활력을 불어넣어 주는 것이 안무가의 역할이며 무용수가 그 공간에서 움직이기 전까지 무대는 죽은 것과 다름없다고 하였다. 대부분 공간에서 느껴지는 활력은 무용수들이 자신의 에너지를 끌어내면서 생기는 일종의 환상이라고 말한다. Langer(1957)는 무용으로 인한 환상은 신체 부위가 물리적으로 움직이는 것과는 다른 또 하나의 가상의 존재(virtual entity)라고 묘사했다. 다시 말하자면 안무가는 관객에게 마법을 선보이는 것으로 이 마법은 여러 가지 동작, 형태, 에너지를 전달하는 것이다. 성공적인 안무일수록 물리적인 요소가 덜 부각될 것이다. 도입과 마무리에 이르기까지 무용작품을 전체적인 하나의 그림으로 생각하는 것이 중요하다.

그림 2.12 프로시니엄 아치는 마치 액자와 같은 형태이다.

◆ 기술 익히기: 전체적인 이미지 형성

1. 무용수가 자신의 앞을 곧게 지나가는 것을 관찰한다(그 통로에서 느껴지는 활력과 생동감을 주의 깊게 관찰하라).
2. 1번 훈련을 이어가되 같은 무용수가 전체 공간을 움직이는 것을 관찰한다(스튜디오 전체에서 존재감과 생동감이 느껴지는지 확인하라).
3. 같은 무용수를 한 곳에 세워놓고 팔이나 다리를 다른 방향으로 움직이게 한다(무용수 주위의 공간에 활력과 생동감이 생기는 것을 느낀다).
4. 3번 훈련에 무용수를 추가로 참여시켜 반복한다. 한 명이었을 때와 비교하여 어떤 변화가 있는지 살펴본다.
5. 4번에서 각 무용수를 재배치하며 실험해 본다. 무용수의 배치가 전체적인 공간의 존재감이나 생동감에 변화를 주었는가?

◆ 무용 연출

안무가는 움직임 발견과 변형이 끝나면 무용 연출에 대한 고민을 시작해야 한다. 이것은 여러 가지 단계를 거쳐야 하는데 첫 번째로 동작의 순서를 정해야 한다. 그 후 안무가는 어떤 동작을 어떤 무용수가 연기해야 할지, 무용수들은 무대에 어떻게 배치해야할지에 대한 고민을 시작한다. 이 과정에서 안무가는 균형 잡힌 그림을 만들기 위해 무용수를 한 명씩 배치하거나 그룹을 지어 배치할 수 있다. 초보 안무가는 무대연출을 할 때 다음과 같은 사항을 고려해야 할 것이다.

- 무용수는 여러 가지 방향으로 움직일 수 있다. 무대 앞쪽이나 뒤쪽, 혹은 좌우 양옆으로 움직일 수 있다.
- 무대는 여러 구역으로 나뉘는데 구역마다 중요도가 다르다. Humphrey(1987)에 의하면 무대의 가운데 위치한 무용수가 가장 시선을 끌게 되기 때문에 솔로

그림 2.13 가운데 위치한 무용수가 가장 시선을 많이 받는다. 무대 앞쪽 무용수는 친밀함이 느껴지는 반면에 양옆의 무용수는 관객과 동떨어진 느낌을 준다.

혹은 선두 무용수가 가장 가운데 위치해야 한다. 하지만 무대 한 가운데가 계속적으로 강조되어서는 안 되는데 그 이유는 이것을 남용했을 때 무대의 에너지를 쉽게 잃어버리게 되기 때문이다. 무대 뒤쪽의 무용수들은 멀기 때문에 신비로운 존재인 반면에 무대 앞쪽의 무용수들은 좀 더 친화적이다. 무대 양옆은 영향력이 약한 구역이다(그림 2.13 참고).

- 무대 위 여러 가지 진로는 중요도에 따라 달라진다. 직선의 진로로 움직이는 무용수는 강하고 직접적인 인상을 준다. 관객과 가장 가까운 무용수는 무대 앞쪽에서 더 크게 에너지 있는 느낌을 준다(그림 2.14 참고). 무대 뒤쪽 구석에서

그림 2.14 관객과 가장 가까운 무용수는 무대 앞쪽에서 더 크고 에너지 있는 느낌을 준다.

앞쪽으로 대각선 방향으로 움직이는 경우 또한 매우 에너지 있는 느낌을 준다. 곡선의 진로는 직선의 진로보다는 에너지가 부족하다. 무용수가 곡선의 진로로 움직였을 때 몸의 방향이 지속적으로 변하고 시각적인 인상도 덜 단호한 느낌을 준다.

• 안무가는 무용수들이 어떻게 하면 서로 연관 지어 움직일 수 있을지 고민하며 동작 프레이즈를 배열한다. 예를 들어 무대 앞쪽의 무용수와 무대 뒤쪽의 무용수가 무의미하게 겹쳐보이는 배치는 바람직하지 못하다(그림 2.15 a, b, c 참고). 또한 안무가는 무용수를 한쪽에 너무 치우쳐 배치하는 것은 지양해야 한다(그림 2.16 참고). 그러나 만약 각 무용수를 분리하거나 그룹이 분리되어 보이는 것을 원한다면 의도대로 하는 것이 좋겠다.

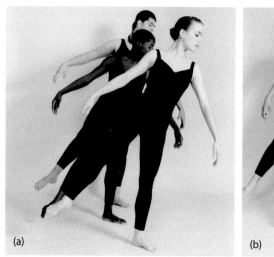

그림 2.15 (a) 무용수 배치의 나쁜 예, (b) 공간을 잘 활용해 전체적인 그림을 잘 살려내었다. (c) 무용수들을 맨 앞의 무용수 바로 뒤에 배치함으로써 흥미로운 효과를 얻을 수 있다.

- 각 무용수가 바라보는 방향도 중요하다. 안무가는 무용수에게 동작의 느낌이 가장 잘 표현될 수 있는 방향으로 바라보도록 지시한다. 예를 들어 무용수가 관객을 정면으로 바라본 상태에서 아라베스크 자세를 하면 관객의 입장에서는 이 자세를 온전히 볼 수 없을 것이므로 대각선 방향으로 선 다음 자세를 취해야 한다(그림 2.17 a, b 참고).
- 무용수의 얼굴 표정은 안무의도에 긍정적 혹은 부정적 영향을 끼친다. 따라서 안무가는 무용수를 무대에 배치할 때 무용수의 얼굴표정까지도 고려해야 한다.

그림 2.16 관객은 이 두 무용수를 하나의 그룹에 속해 있다기보다 별개의 존재로 생각하게 된다.

그림 2.17 (a) 배치의 잘못된 예로 동작의 전체적인 형태를 잘 나타내지 못하고 있다. (b) 배치의 좋은 예

가끔 원형무대에 적합한 안무를 구상해야 할 때가 있다. 이렇게 원형무대를 고려하여 구상하는 안무는 관객이 한 방향이 아닌 여러 방향에서 감상할 수 있기 때문에 앞에서만 감상할 수 있는 기존의 무대와는 다른 접근이 필요하다. 이러한 안무는 무용수들의 몸방향, 얼굴의 각도 등을 더 세심하게 고민할 필요가 있다.

◆ 기술 익히기: 무용 연출

1. 연습실에서 여러 무용수들을 제각기 다른 위치에 서게 하고 자신의 시선이 어디에 맞추어지는지 확인하게끔 한다. 정중앙의 무용수가 주의를 가장 많이 끌어야 한다. 다른 구역에 있는 무용수들의 상대적 효과를 평가해 보자. 가운데 위치한 무용수를 다른 곳에 배치해 보면서 어떤 무용수가 어디에 가장 잘 어울릴지 생각해 보자.
2. 한 명의 무용수에게 직선과 곡선의 진로를 이용해 연습 공간에서 움직여 보도록 지시한다. 둘 중 어느 것이 더 효과가 큰지 확인한다.

3. 무용수가 무대 뒤쪽에서 앞쪽으로 천천히 직선으로 걸어오는 것을 관찰한다. 무대 앞으로 움직일 때의 존재감과 효과가 얼마나 더 큰 에너지가 있으며 커지는지 확인해 본다. 다음에는 같은 무용수를 무대 뒤쪽에서 무대 앞쪽 코너로 움직이도록 지시한다.

4. 세 명의 무용수를 멀리 떨어트려 배치한다. 그리고 이 세 명의 무용수가 한 지점으로 점차 가까워지도록 지시한다.

5. 세 명의 무용수가 하나의 그룹을 이룰 수 있을 만큼 가까워졌으면 서로 몸을 겹쳐 완벽한 하나가 될 수 있게 지시한다. 그 후 무용수들을 재배치하여 신체가 더욱 더 겹쳐 하나가 되거나, 혹은 약간 떨어트려 보는 실험을 한 후 자신이 가장 마음에 드는 정도를 택한다. 마지막으로 무대 뒤쪽의 무용수가 보이지 않도록 무용수들을 그룹 지어 본 후 팔과 다리를 움직이도록 지시한다.

6. 신체 형태 하나를 고른 후 무용수에게 연기를 지시한다. 무용수에게 여러 가지 각도로 바라보게 한 후 어떤 각도가 가장 마음에 들었는지 확인한다. 바라보는 각도에 따라 관객의 입장에서 보이는 무용수의 신체 부위가 달라지는 것을 확인한다.

7. 무용수에게 각기 다른 표정을 지으며 동작 시퀀스를 반복하도록 지시한다. 어떠한 표정이 가장 효과적인 의사전달에 도움이 되었는지 확인한다.

◆ 공간과 시간을 고려하여 무용수 배치하기

작품 내에서 공간과 시간을 고려하여 무용수를 배치하는 방법은 크게 일치(unison), 연속(sequence), 대립(opposition) 세 가지로 나눌 수 있다.

무용을 할 때 공간과 시간은 떼려야 뗄 수 없는 존재이다. 여러 무용수들이 일제히 같은 동작을 하는 일치 동작은 시간을 이용해 무용수를 배치하는 방법 중 하나이다.

일치 동작은 강하고 에너지가 있는 반면 작품 안에서 반복적으로 사용하면 지루해질 수 있고 무용수들이 정확하게 일치하지 않으면 효과가 떨어진다.

또한 무용수들이 같은 동작을 각기 다른 박자에 시작하는 방법도 있다. 예를 들어 무용수 1이 첫 번째 박자에 동작을 시작하면 무용수 2는 두 번째 박자, 무용수 3은 세 번째 박자에 동작을 이어나가는 것이다. Hayes(1955)는 이런 배치를 연속 동작이라고 칭했고, 동작을 다시 연기하는 중복 효과가 있는 것이 특징이다. 안무가는 무용수를 각기 다른 박자에 무대로 입장시켜 연속동작을 진행할 수 있고, 한 무용수가 동작을 완전히 멈춘 후 다른 무용수가 그 동작을 반복하는 형태로 사용 할 수 있다 (그림 2.18 참고).

그림 2.18 연속 동작의 예

그림 2.19 대립 동작의 예. (a)에서 무용수 간의 네거티브 공간과 무용수들 주위의 네거티브 공간에 주목하라. (b)는 무용수들이 서로 대각선으로 반대되는 방향에 위치해 있다.

세 번째는 대립 동작으로 시간과 공간 모두를 사용하는데, 무용수들이 서로 다른 공간을 바라본 후 일치동작이나 연속동작을 연기하는 것을 뜻한다. 무용수는 무대의 좌우 양옆, 대각선 방향, 혹은 무대 앞뒤 등 자유롭게 움직일 수 있다. 대립은 무용수들이 서로 다가가거나 멀어지는 등 움직이면서 네거티브 공간을 만드는 효과가 있다(그림 2.19 a, b 참고). 또한 무용수들이 몸을 반대 방향으로 회전함으로써 대립의 효과를 얻을 수도 있다.

◆ 기술 익히기: 일치, 연속, 대립

1. 짧은 동작 시퀀스를 만들어 보고 소규모 그룹의 무용수들에게 모두 같은 박자에 동작을 시작하도록 지시한다. 이때 무용수들끼리는 같은 방법으로 동작을 실행해야 한다.

2. 위로 뻗는 것과 같은 간단한 동작을 하나 고른 후 각각의 무용수가 옆에 있는 사람보다 한두 박자 늦게 시작하도록 한다. 연속 동작은 도미노 효과를 발생하게 한다.

3. 우선 두 무용수를 가까이 세운다. 한 무용수는 위로 다른 무용수는 아래로 움직이게 함으로써 세로 형태의 대립 효과를 볼 수 있다. 또한 흔들리는 동작을 통해 양옆으로 대립 효과가 일어나게 할 수도 있다.

4. 세 명의 무용수에게 각기 다른 동작을 동시에 실행하도록 지시한다. 통일된 느낌을 주기 위해 무용수들의 위치를 조절한다.

제4절 포스트모던댄스의 안무기법

지난 50여 년간 여러 전문 무용수들을 통해 새로운 안무 형식들이 창안되었다. 여러 안무 형식 중에서도 실험적이고 혁신적인 포스트모던댄스의 안무기법에 대해 연구해 보자.

Nancy Reynolds and Malcolm McCormick(2003)은 포스트모던댄스를 1960년대 이전 우리가 평소 생각하던 무용의 개념을 벗어나 영화, 음악, 그림, 문학, 동작, 운동 요법, 그리고 사회적 주제 등에 대한 아이디어를 활용하여 탄생한 것이라고 얘기한다. 또한 그룹의 즉흥 안무 과정을 통해 춤의 본질을 연구하는 것이 포스트모던댄스라고 덧붙였다. 포스트모던댄스는 기존의 안무 형식에서 근본적으로 이탈한 요소를 선보였는데, 이것은 20세기 중반에 들어서면서부터 이해하고 받아들여지기 시작했다. 원래는 1960년대 저드슨무용단(Judson Dance Theater)이 여러 가지 실험적 예술을 선보이며 시작되었는데, 그 이름은 저드슨 기념교회(Judson Memorial Church)에서 작품을 처음으로 선보이게 되어 그 장소의 이름을 사용했다고 한다. 그들의 가장 중요한 업적은 어떤 동작과 신체 부위와 어떤 방법이든지 무용작품에 수용될 수 있다는 관점에서 안무의 무한한 가능성을 탐구한 것이다(Banes, 2011).

포스트모던댄스의 안무가들은 이미 사용되었거나 개발된 방법이나 안무의 사용을 지양하였으며, 새로운 것을 발굴하는 데에 에너지를 썼다. 이런 혁신적인 예술가들 덕분에 무용에 사용되는 동작의 범위가 넓어질 수 있었고 안무의 전형적인 순서나 시간 사용을 타파하게 되었다. 그들은 다양한 수준의 무용수와 각기 다른 교육을 받은 무용수와 함께 일했으며, 특별한 또는 특이한 환경에서 춤을 추기도 했고, 여러 가지 연출 기법과 미디어를 혼합하여 사용해 보기도 하였다. 그들은 여러 가지 반주음악을 적용해 보고 무용수들과 관객의 관계를 바꾸어놓았으며, 전형적인 무대의상에서 탈피한 새로운 의상을 시도하기도 하였다(McDonagh, 1990). 포스트모던댄스와 관련된 또 하나의 화두는 미니멀리즘(minimalism)을 작품에 반영한 것이다.

◆ '우연' 기법

포스트모던댄스의 안무기법 중 하나인 '우연(chance)' 기법은 Merce Cunningham에 의해 처음 소개되었다. '우연' 기법은 비전통적 안무 방법으로 어떠한 정해진 동작 소재나 순서가 없다는 발상에서 시작되었으며, 안무가가 통제를 하지 않고 우연적인 상황으로 작품의 내용이나 구성을 만들도록 한다. 또 하나의 방법으로는 주사위를 던져 동작이나 순서를 무작위로 선택하는 것이다. 그는 동작의 유형과 순서를 결정하기 위해 동전을 던지는 방법을 사용하거나 혹은 특정한 안무를 정해 놓고 무용수에게 박자, 순서, 빈도 등에 대한 선택을 전적으로 맡기기도 하였다(Anderson, 1997).

◆ 기술 익히기: '우연' 기법

1. 무용수들에게 하나의 동작 시퀀스를 지도한 후 같은 동작을 무대 위 여러 곳에서 시작하게 한다. 이때 무대 위치는 '우연' 기법으로 결정한다.
2. 반주음악에서도 '우연성'을 찾을 수 있다. 무용수가 다른 음악에 맞추어 여러 가지 동작 시퀀스를 연기하도록 하고 그 중 가장 마음에 드는 것을 고른다.

3. 작품 내 전체 순서를 결정할 때 '우연' 기법을 사용하기도 한다. 각 무용수에게 같은 동작 시퀀스 세트를 연습하게 한 후 어떤 무용수가 어떤 시퀀스를 연기할지 임의로 결정한다. 각 무용수는 무작위로 시퀀스를 시작할 것이다. 동작 시퀀스의 순서를 바꿔보고 각 무용수들이 어떻게 무대 공간을 활용하는지 살펴본 다음 가장 마음에 드는 시퀀스 순서를 고른다.

4. 걷기, 뛰기, 앉기, 서기 등 여러 가지 동작과 자세를 각각 다른 종이에 적어둔다. 그 종이를 무작위로 붙여놓고 각 동작은 몇 번 반복할 것인지 결정한다. 각각의 동작은 적절한 연결동작을 이용해 한 시퀀스로 연기한다. 공간, 시간, 에너지, 형태 등을 이용하여 시퀀스를 변형해 본다. 무용수에게 동작의 순서와 각 동작의 반복 횟수를 정하게 하는 것도 좋다.

5. Cunningham은 여러 가지 동작들을 조합시키고 표로 만든 후 동전을 던져 각 동작의 순서를 결정하였다(Charlip, 1992). 이 방법을 사용해 보자.

6. 게임이나 신호를 사용하여 작품의 순서를 변경해 보자. 한 명의 무용수가 다른 무용수들의 움직임을 이끌어 내는 상황을 만들어 본다. McDonagh에 따르면, Deborah Hay가 <ten>이라는 작품에 이러한 게임 콘셉트를 이용했다고 한다. 이 작품에서 그룹의 리더는 무대 위에서 가로와 세로의 두 막대기를 가지고 있다. 리더가 가로 막대기를 사용하면 모두 그 자세를 따라 해야 하고, 가로 막대기는 그룹이 체인의 형태를 만들어야 하는 신호였다고 한다. 자신의 작품 순서를 정하기 위해 여러 가지 신호나 지시사항을 만들어 보자.

◆ 일상적 움직임

일상적 움직임을 사용하는 것은 포스트모던댄스의 안무기법 중 하나이다. Steve Paxton의 작품 <Proxy>의 경우 걷기, 들기, 서기, 물 마시기, 과일 먹기 등 매우 일상적인 움직임으로 이루어졌다. 다음 훈련을 통해 여러 가지 일상적인 움직임을 연구해 보자.

◆ 기술 익히기: 일상적 움직임

1. '우연' 기법을 이용하여 여러 가지 일상적 움직임을 만든 후에 무작위로 배열한다. 움직임에 가능한 한많은 변형을 시도한다.

2. 망치치기, 바닥쓸기, 양치질하기, 먹기, 앉기 등 일상생활 속에서 여러 가지 움직임을 찾아보자. 배트 휘두르기, 테니스 서브, 공 던지기 등 운동과 관련된 움직임도 찾아보자. 각 움직임을 어떻게 다르게 표현할 수 있는지, 그리고 하나의 시퀀스 안에 어떻게 조화롭게 연결할 수 있는지 연구해 보자.

3. 일상적 움직임만을 사용하여 여러 가지 동작을 만들어 보자. 기본적인 보행스텝을 사용하여 일상적 움직임을 연결해 보자. 연결동작을 변형하여 이것이 전체적인 패턴에 어떤 영향을 끼치는지 살펴본다.

4. 전통적 무용 동작을 결합시킨 후, 자연스럽게 시간적 간격을 두고 일상적 움직임을 추가하라.

◆ 시간의 변화와 반복

포스트모던댄스의 안무가들은 시간의 개념과 반복되는 동작을 변형시켜 새로운 무용 구조를 만들었다. Laura Dean은 시간의 수학적 전개와 단순한 동작의 반복을 통해 미니멀리즘을 안무에 반영하였다. 예를 들어 작품 <Circle Dance>에는 열 명의 무용수가 4개의 동심원(concentric circles) 안에서 빠르게 계속적으로 회전하는 동작이 포함되어 있다(Reynolds and McCormick, 2003).

◆ 기술 익히기: 시간의 변화와 반복

1. 평소보다 빠르게 혹은 느리게 동작을 연기한다. 매우 느리게 동작을 연기했을 때 그 동작이 어떻게 보여지고 어떻게 느껴지는지 확인한다.

2. 한 가지 동작을 고른다. 도는 동작을 골랐다고 가정하면, 이 동작의 특정한 구간에서 어떤 한 부분을 변형한다. 예를 들면 매 10박자마다 회전하는 높이를 바꿀 수 있겠다. 반복되는 동작을 변화시키는 방법을 생각해 보자.

3. 동작의 템포를 빠르게 하거나 느리게 한다. 특정한 동작 패턴의 박자를 더하거나 빼 보자.

4. 동그라미나 사각형 등 여러 번 반복할 수 있는 무대구도를 따라 걷는다. 특정한 구간에 걷는 방향을 바꾸고 다른 보행스텝을 이용하여 같은 무대구도에서 움직인다.

5. 위 훈련을 소규모와 대규모 그룹으로 구성하여 시도해 보자.

◆ 그룹의 규모와 숙련도

그룹의 규모는 전체 작품의 원동력에 큰 영향을 미친다. 포스트모던댄스의 안무가들은 매우 큰 규모의 그룹을 안무에 이용하기도 했고, 숙련도가 상이한 무용수를 한 그룹으로 구성하여 안무하기도 하였다. 예를 들어 Deborah Hay와 Meredith Monk는 대규모 그룹을 안무에 이용한 반면에 Rudy Perez는 '팀(team)'이라는 콘셉트로 작업을 하였다(McDonagh, 1990). 이 안무가들은 숙련도가 미숙한 무용수들과 함께 작업했기 때문에 복잡한 소재보다는 간단한 소재에서 동작을 착안하였다.

◆ 기술 익히기: 그룹의 규모와 숙련도

1. 여러 가지 크기의 그룹을 실험해 보자. 짧은 동작 시퀀스를 만들어 한두 명의 무용수에게 지도한다. 동작 패턴을 보여준 후 무용수를 추가한다. 같은 패턴을 연기했을 때 소규모 그룹과 대규모 그룹의 차이가 느껴질 때까지 무용수를 계속 추가한다.

2. 숙련도가 다른 무용수들을 두 개의 다른 그룹으로 구성할 경우, 자신의 작업에

굉장히 창의적인 면을 가져다 줄 수 있다. 미숙련자는 간단한 동작이나 일상적인 행동을 할 수 있고, 숙련자는 좀 더 복잡하고 전통적인 무용동작을 연기할 수 있다. 미숙련자가 움직이는 곳 주위를 숙련자가 맴돌면서 연기하는 것도 흥미로울 수 있다. 무대 위의 두 그룹의 위치를 바꾸거나 두 그룹의 시작하는 곳을 다르게 하면서 여러 가지 실험을 해 보자.

◆ 특이한 환경

포스트모던댄스의 안무가들은 교회 제단, 길거리, 미술관 등 특이한 환경에서 공연하기도 하였다. Meredith Monk는 색다른 공간에서 영감을 받아 작업하는 것을 즐겼다고 한다. 그녀의 작품 중 <Juice>는 뉴욕 구겐하임 박물관(Guggenheim Museum)에서 85명의 무용수들과 함께 진행되었으며, <Vessel>은 야외에서 공연되었다(그림 2.20 참고).

그림 2.20 Meredith Monk의 작품 <Vessel>

◆ 기술 익히기: 특이한 환경

1. 연습실에 한 사람 혹은 여러 사람이 몸을 숨길 수 있을 만큼의 큰 소도구를 준비한다. 예를 들면 피아노나 큰 스크린도 좋겠다. 무용수들이 이 물체를 이용해 여러 가지 방법으로 여러 가지 동작을 발견하도록 한다. 무용수들을 사물 주위의 이곳저곳에 배치하며 상상력을 발휘해 보자(그림 2.21 참고). 즉흥이 끝난 후 가장 효과적이었던 시퀀스를 골라 짧은 무용으로 만든다.

그림 2.21 창의적인 즉흥 안무를 위해 여러 사물들을 활용하여 스튜디오 환경에 변화를 줄 수 있다.

2. 1번의 훈련을 토대로 다른 무용수의 동작을 따라 하거나 변형시켜 동작의 가능성을 넓혀본다.

3. 즉흥에 적합한 환경을 제공할 수 있는 새로운 공간을 알아본다.

4. 따뜻한 날에 야외로 나가서 즉흥 안무를 한다. 무용수들이 새로운 환경에 있는 사물에 집중하도록 한다. 그리고 그 사물 주위에서 움직이도록 한다.

5. 안무가는 슬라이드 혹은 다른 영사기를 사용하여 환경을 바꿀 수 있다. 빈 벽에 슬라이드를 비춘 후 무용수들이 그 슬라이드 안에서 움직이는 것을 관찰한다. 무용수들이 움직이는 것을 보면서 슬라이드가 어떻게 활용되고 어떠한 변화를 주었는지 살펴본다.

◆ 반주음악

반주음악은 안무에 매우 큰 영향을 미친다. 포스트모던댄스에는 여러 가지 반주음악이 사용되었는데, 가끔 특이한 형태의 반주를 사용하기도 했다. Twyla Tharp 는 초기에 침묵 상태에서 연기를 하거나 자연의 소리에 맞추어 공연을 하기도 했다. Yvonne Rainer 는 사람의 목소리와 자신의 신체 소리를 반주로 사용하였다 (McDonagh, 1990).

◆ 기술 익히기: 반주음악

1. 바람 소리, 물 흐르는 소리, 귀뚜라미 소리 등 자연의 소리에 맞추어 즉흥 안무를 시도해 보자. 움직임을 시작하기 전에 먼저 소리에 집중해 본다.

2. 자신만의 반주음악을 만든다(예를 들어 자갈밭을 걷는 것은 오도독 하는 특별한 소리를 낸다). 각각의 새로운 반주음악에 맞추어 즉흥 안무를 해 보자.

3. 앞의 훈련에서 사용했던 반주음악의 템포를 변화시켜 본다.

4. 여러 명의 무용수들이 박수치기, 발구르기, 손바닥으로 두드리기 등 신체를 사

용하여 소리를 내면서 공간을 돌아다니게 한다. 여러 가지 리듬패턴을 만들도록 유도하고 가끔 다른 무용수의 리듬패턴을 따라 하도록 한다.

◆ 그룹 상호작용

전통적인 프로시니엄 극장은 관객과 무용수가 분리되어 있는 구조이다. 프로시니엄 아치의 양옆과 가운데, 그리고 무대 바닥이 마치 사진틀처럼 작용하며 이것은 관객과 무대 공간을 확실히 분리한다. 하지만 포스트모던댄스의 안무가들은 이러한 경계를 없애려는 노력을 기울여왔는데, 관객석에서 무용수가 연기를 한다거나 무용수가 객석에서 무대로 입장하기도 하였다. 어떤 안무가는 관객이 내는 소리나 제스처에 착안하여 무용수가 그것에 맞추어 연기를 하는 것을 시도 하기도 하였다.

◆ 기술 익히기: 그룹 상호작용

1. 한 그룹의 무용수들은 연습공간을 자유롭게 움직이면서 즉흥 안무를 시작하도록 하고, 또 다른 그룹의 무용수들은 관객이 된다. 그리고 관객의 제스처나 동작을 따라 하면서 동작에 변화를 준다(그룹의 역할을 바꾸어 본다).
2. 무용수들은 자신이 무용수면서 관객이 되기도 하므로 무용수와 관계를 직접 느껴보고 이해할 수 있다.

◆ 구조적 즉흥

구조적 즉흥(structured improvisation)은 포스트모던댄스의 또 다른 기법으로 게임 콘셉트와 유사하다. 안무가는 무용수가 어디서 어떻게 움직이는지 결정하기 위해 특정한 기준을 정한다. 예를 들어 Barbara Dilley(1981)는 안무가가 걷기, 달리기, 기기, 서기 등 정해진 동작을 시계 반대방향의 원형 진로로만 움직이도록 지시하였다. 다른 무용수들의 동작이 맞는다고 느껴지면 바로 습득할 수 있도록 무용수들은 서로에게 주의를 기울여야만 한다. 또한 Dilley는 통로를 바탕으로 구조적 즉흥을 진행하였다. 여기서 무용수들은 정해진 통로를 따라 방을 통과하도록 지시를 받는 다. 정해진 통로를 지나간 무용수는 퇴장해야 하고 재등장 시에는 다른 통로를 이용 해야 한다.

◆ 기술 익히기: 구조적 즉흥

1. 즉흥에 사용될 수 있는 동작을 4~5개로 제한한다. 예를 들면 걷기, 달리기, 서기, 뛰기로 제한할 수 있다. 이때 무용수들은 시계 반대방향의 원형으로만 움직임과 동시에 선택된 동작만 사용할 수 있다. 순서와 상관없이 움직이도록 하며 때로는 다른 무용수들을 따라하도록 유도한다.

2. 연습실을 몇 개의 통로로 나눌 수 있는지 확인한다. 그리고 공간을 가로지를 때 사용할 수 있는 4~5개의 동작을 선택한다. 무용수들이 공간을 가로지르게 하되 정해진 통로 안에서만 움직이게 한다. 다른 무용수의 동작을 따라 할 수 있도록 유도하며 퇴장을 하고 재등장 할 때는 다른 통로를 이용하도록 한다. 3~5분간 지속한다. 즉흥 과정에서 흥미로웠던 점은 추후 활용할 수 있도록 기록해 둔다.

◆ 접촉 즉흥

접촉 즉흥(contact improvisation)은 움직이는 파트너와 환경에 연관 지어 움직이면서 즉흥적인 몸짓을 유발한다. 움직이고 있는 다른 신체와 접촉을 하거나 타인의 자극으로 인해 자신에게 일어나는 반응을 춤으로 끌어낸다. 다른 사람과의 신체 접촉은 미리 결정할 수 없기 때문에 더욱 더 즉흥적이다. 이때 한 사람의 무게를 다른 사람이 지탱하기도 한다. 따라서 매우 신중하게 진행되어야 하고, 기술적으로 효과적인 동작을 해야 한다.

또한 무용수들은 떨어지거나 구르는 등 신체가 땅에 맞닿는 동작을 할 때 자신의 무게를 안전하게 지탱하면서 에너지의 흐름은 계속 이어나가야만 한다. 접촉 즉흥은 계속 움직이고 있는 신체 부위 간의 접촉으로 인해 동작이 형성되는 안무기법이므로, 시작과 끝을 명확하게 예상하기가 어렵다.

◆ 기술 익히기: 접촉 즉흥

1. 여러 가지 방법으로 접촉 즉흥을 할 수 있다. 우선 다른 무용수에게 기대어 시작한다. 천천히 움직이기 시작하면서 두 사람의 신체 접촉, 무게, 신체 형태가 어떠한 변화를 일으키는지 살펴보자.

그림 2.22 무용수들이 반대되는 에너지로 균형을 잡고 있다.

2. 1번의 훈련을 계속하되 한 곳에 머물러 있지 말고 다른 공간으로 움직여 보자.

3. 서로 마주 보고 선다(파트너와 비슷한 키와 몸무게여야 한다). 팔 안쪽을 꽉 잡고 서로 당기는데 이때 균형을 잃지 않도록 한다. 계속 서로를 당기면서 한 발만 땅에서 떼어 보거나 몸의 높낮이를 바꾸어 보자. 이외에 몇 가지 다른 동작을 할 수 있는지 연구해 본다(그림 2.22 참고).

4. 한 사람과 연습을 했다면 대규모 그룹에서 접촉 즉흥을 시도해 본다. 천천히 신중하게 움직인다.

제5절 기술을 도입한 안무기법

20세기 전기의 출현으로 무용수들은 보다 안전하고 기계화된 무대에서 공연을 할 수 있게 되었다. 또한 점차 정교한 조명 도구와 조명 조절 기계들이 발명되었으며, 전자음악을 반주음악으로 쓰기 시작하였다. 20세기 말에는 컴퓨터 및 다른 새로운 기술이 안무에 도입되었다. 이런 혁신적인 기술 중에 간단한 기술이 있는 반면에 고급의 컴퓨터 능력을 요하는 기술도 있다. 21세기의 기술은 안무가의 창의력 확장에 도움이 될 것이다.

◆ 공중 무용

공중 무용(aerial dance)은 안무에 기술을 도입한 혁신적인 결과물의 하나로서, 1976년 Terry Sendgraff가 처음 시도한 것을 계기로 널리 퍼져나갔다. 공중 무용은 무대 위 공중에 매달려 움직이는 것으로 주로 공중 무용과 지면 무용(ground-based movement)을 혼합하여 사용한다. 낮은 공중 그네, 공중 고리, 공중 천, 번지 줄, 밧줄, 안전벨트 등이 공중 연기에서 사용되는 도구이다. 공중 연기는 수직 무용(vertical dance)을 포함하기도 하는데, 이때 연기자들은 벽을 따라 다른 방향으로 움직이거나 기둥에서 무용을 하기도 한다(그림 2.23 참고).

그림 2.23 Frequent Flyers Production의 공중 무용

◆ 기술 익히기: 공중 무용

1. 놀이터나 공원에 가는 것으로 공중 무용이 어떤 것인지에 대한 느낌을 얻을 수 있다. 그네에 눕거나, 앉거나 서 보면서 여러 가지 동작의 가능성을 생각해 보자.
2. 회전목마를 타면서 가능한 움직임을 발견해 보자. 회전목마를 타면서 어떤 자세를 취할 수 있고 어떻게 몸을 움직일 수 있는가? 다른 놀이기구에서의 가능성도 살펴보자.

◆ 컴퓨터 이미지를 활용한 무용

최근에는 컴퓨터 이미지를 이용한 배경막이 많이 사용되고 있으며, 그 예로는 사이클로라마(cyclorama: 원형 파노라마)가 있다. 이것은 뒷배경 이미지가 고보 조명

그림 2.24 Sandra Minton의 작품 <Faces of the Goddess>에서 쓰인 컴퓨터 이미지

의 디자인과 패턴에 한정되어 있는 것이 아니라 안무 의도에 맞도록 새롭게 만들 수 있다(조명 앞에 대는 패턴모양의 판과 불빛으로 여러 가지 패턴을 만들 수 있다).

필자는 <Faces of the Goddess>라는 작품에서 컴퓨터를 이용한 이미지를 사용하였는데, 컴퓨터 그래픽 전공 교수인 Anna Ursyn와 충분한 토론을 거친 후 그것을 바탕으로 이미지를 만들었다(그림 2.24 참고).

Jonathan Scott-Mckean의 작품 <Nutcracker>는 사이클로라마에 이미지를 비추고 무용수의 손이 시계의 바늘이 되어 하나의 시계를 표현하였다(그림 2.25 참고).

또 다른 예로 Judy Bejarano의 작품 <This Speaking Body>에서는 문구, 이미지, 비디오, 애니메이션을 사이클로라마에 투영했다. 투영된 이미지와 문구는 동작, 대사, 반주음악에 의미를 부여하여 여러 구성요소가 조화롭게 연출될 수 있도록 작용하였다(그림 2.26 참고).

한편 무용 동작을 창작하는 과정에서도 기술적 접근이 시도되었다. Merce

Cunningham과 William Forsythe는 동작을 만들고 배열할 때 컴퓨터를 사용하였다. Cunningham은 그의 작품 <Trackers>의 동작 중 1/3을 DanceForms라는 컴퓨터 프로그램을 통해 구현했다(그림 2.27 a, b 참고). 이러한 컴퓨터 프로그램으로 3D 인체 모형을 만들고 공간과 시간에 맞추어 동작을 조절하고 변형할 수 있다(Schiphorst, 1992).

그림 2.25 컴퓨터 이미지를 활용한 배경막. Jonathan Scott-McKean의 작품 <Nutcracker>

그림 2.26 사이클로라마 배경장치를 사용한 장면. Judy Bejarano의 작품 <This Speaking Body>

◆ 기술 익히기: 컴퓨터 이미지

1. 20세기 화가의 그림들 중 마음에 드는 그림 하나를 고른다. 추상적일 수도 있고 현실적일 수도 있다. 그림을 사진으로 찍고 그 사진을 컴퓨터로 스캔한다. 디지털 카메라가 있다면 스캔 할 필요 없이 바로 컴퓨터로 업로드 할 수 있다. 그리고 프로젝터와 연결된 노트북에 이 사진을 띄운다. 투영된 이미지를 보고 그 중 자신의 영감에 따라 형태, 선, 색깔을 골라 본다. 그 다음 형태, 선, 색깔에 대한 자신의 느낌에 집중한다. 영감에 대한 자신의 감정적 반응에 집중하면서 즉흥 안무를 해 본다. 마지막 단계는 모든 동작을 모아 하나의 시퀀스로 만든다. 투영된 그림 앞에서 동작 시퀀스를 연기해 본다. 이때 다른 사람이 자신의 연기를 관찰하게 하고 그 이미지와 연기에 대해서 어떻게 느꼈는지 물어 본다.

2. 그 그림에 대한 자신의 느낌을 표현할 수 있는 단어를 생각해 본다. 그리고 그 단어에 집중하여 즉흥 안무를 다시 해 본다. 단어를 떠올리고 즉흥 안무를 한 것과 형태, 선, 색깔을 떠올리고 즉흥 안무를 한 것이 어떻게 다른가? 이 단어를 파워포인트 프로그램으로 디자인하여 배경장치로 활용할 수도 있다.

3. 컴퓨터 그래픽 프로그램을 사용하여 그림에 대한 감정을 추상적인 디자인으로 표현해 본다. 완성된 컴퓨터 이미지를 배경장치로 활용할 수 있다.

(a)   (b)

그림 2.27 (a) 컴퓨터로 구현한 신체 이미지의 예. Cunningham의 <Tracker>라는 작품에서 동작을 창작하는데 사용하였다. (b) DanceForms 프로그램으로 구현한 신체 이미지의 예

◆ 안무 시 인터넷 활용하기

한 걸음 더 나아가서 인터넷을 공연의 매개체로 활용할 수도 있다. 비디오, 커뮤니케이션, 그리고 인터넷의 기술을 이용해 실시간으로 동시에 여러 곳에서 공연하는 효과를 얻을 수 있다(Birringer, 2003 and 2004). 이것을 텔레퍼포먼스(teleperformance)라고 한다. 1999년 International Dance and Technology Conference(IDAT)에서 발표된 <Escape Velocity>라는 작품에서 호주의 멜버른(Melbourne)에 있는 한 무용수와 미국의 애리조나(Arizona)에 있는 한 무용수가 동시에 같은 춤을 추는 것이 실시간으로 인터넷을 통해 극장에 상영되었다. 관객들은 두 명의 무용수가 춤추는 모습을 볼 수 있었다. 즉 극장에서는 한 명의 무용수가 실제로 춤추는 것을 볼 수 있고, 다른 무용수는 스크린에 비춰져 공연을 실행했던 것이다. 영상 전송이 지체되는 현상은 오히려 실제 무용수와 가상의 무용수가 대화를 이어나가는 것처럼 보였다(그림 2.28 참고).

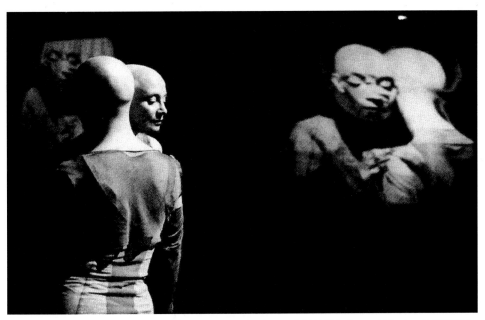

그림 2.28 Hellen Sky와 Louise Taube가 'the 1999 IDAT Conference'에서 작품 <Escape Velocity>를 공연하고 있다.

그림 2.29 Ririe-Woodbury Dance Company의 작품 <Nowhere Bird>. 실제 무용수와 녹화된 이미지의 무용수가 한 무대에서 같이 공연하는 것을 볼 수 있다.

◆ 기술 익히기: 인터넷 활용하기

1. 인터넷에서 무용 영상을 찾는다. 정적인 상태보다는 움직이는 상태가 좋다. 예를 들어 Google에서 'OK GO Treadmill Dance'를 검색한다. 그 영상을 몇 번 관찰한 후 영상과 똑같이 따라해 본다. 영상의 동작을 충분히 따라갈 수 있었는가?

2. 그 영상의 동작을 변형해 본다. 공간, 시간, 에너지, 신체 형태를 사용하여 변형할 수 있다.

3. 2번에서 발견한 동작을 단어로 표현해 보고 이것을 친구에게 이메일로 보낸다.

그리고 그 친구는 이메일에 있는 설명만으로 동작을 연기해야 한다. 친구의 동작이 자신의 것과 비슷한지 확인해 본다.

4. 사진을 이용하여 안무를 할 수 있다. 2번에서 만든 동작 시퀀스를 연기하는 자신의 모습을 사진으로 여러 장 찍는다. 이 사진을 친구에게 이메일로 보낸 후 친구는 그 사진을 바탕으로 동작 시퀀스를 만들어야 한다. 친구가 만든 동작 시퀀스를 보고 자신의 것과 어떻게 다른지 비교해 본다.

◆ 가상 안무

무대에서 가상의 무용수(virtual dancer)를 활용할 수도 있다. 비디오카메라를 무대 위에 설치하여 무대 위 무용수의 이미지를 영상으로 투영시킨 가상의 무용수와 실제 무용수 간에 상호작용을 이끌어 낼 수 있다. 이 기법은 덴버예술학교(Denver School of the Arts)의 무용감독인 Michael O'Banion에 의해 사용된 적이 있다. 또한 Ririe-Woodbury Dance Company는 이미 녹화된 영상을 무대에 재생하는 기법을 사용하기도 하였다(그림 2.29 참고).

반면 모션 캡처(motion capture)는 단순히 가상 무용수와 실제 무용수를 한 무대에 세우는 것은 아니다. 실제 무용

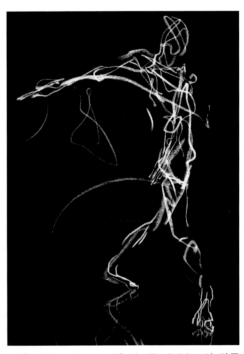

그림 2.30 Paul Kaiser와 Shelly Eshkar의 작품 <Ghostcatching>에 활용된 Bill T. Jones의 디지털 이미지. 모션 캡처를 통해 만들어진 이미지이다.

수는 반사표지를 몸 곳곳에 붙인 상태에서 정해진 동작을 연기하고 이것을 비디오카메라로 녹화한다. 그 후 컴퓨터가 반사표지의 공간 좌표를 인식하여 그것을 컴

퓨터로 옮겨 담아 컴퓨터 내 복제본을 만드는 것이다(Hodges, 1995). Paul Kaiser와 Shelly Eshkar는 작품 <Ghostcatching>에서 Bill T. Jones의 이미지를 모션 캡처하여 가상의 이미지를 만들었다(그림 2.30 참고). 이때 여러 단계를 거쳐 Jones의 원래 동작과 흡사하게 만들 수 있었다.

<Ghostcatching>은 단독으로 이상적인 이미지를 나타낸 반면 Cunningham의 작품 <Biped>에서는 여러 개의 모션 캡처 이미지를 겹쳐 사용하였다(그림 2.31 참고). <Biped>는 독무로 시작되지만 작품이 전개될수록 모션 캡처 기법과 조명 기법이 더해져 계속 변화하는 무대를 만들 수 있었다.

모션 캡처 이미지는 애틀랜타 발레단(Atlanta Ballet)에서도 사용하였다. Lisa de Ribere Larkin의 작품<Non Sequitur>에서는 컴퓨터 공학자들이 모션 캡처를 이용하여 남성 무용수를 녹화한 후 그들 동작의 복제판을 만들었다. 모션 캡처 복제판은 무대에서 재생되었고, 가상의 무용수와 실제 무용수가 듀엣으로 연기하는 효과를 얻을 수 있었다(Hodges, 1995).

◆ 기술 익히기: 가상 안무

1. 앞의 DanceForms 프로그램에서 만들었던 동작 시퀀스 중 하나를 가상의 무용수가 연기하도록 한다.
2. 공간, 시간, 에너지, 신체 형태를 변형하고 이전과의 차이점을 비교한다.
3. 가상의 무용수만을 이용해 짧은 동작 시퀀스를 만들어 본다. 자신이 움직이거나 즉흥 안무를 하여 동작을 이끌어 내려 하지 않는다.

◆ 시청각 장비의 활용

오디오 수트(audio suit)나 옵티컬 수트(optical suit), 인텔리전트 스테이지(intelligent stage) 등의 여러 가지 기술 덕분에 쌍방향 커뮤니케이션 작업 형태의 무

그림 2.31 Merce Cunningham의 <Biped>는 디지털 이미지와 실제 무용수가 결합된 작품이다.

용이 점진적으로 발전하고 있다. 쌍방향 커뮤니케이션 공연은 몸이 움직이고 있어야만 유효하다(Povall, 1998). 예를 들어 트로이카 랜치 무용단(dance company Troika Ranch)의 Dawn Stoppiello는 Mark Coniglo에 의해 발명된 MidiDancer라는 수트를 입고 공연을 했었다(그림 2.32 참고). 이 수트는 센서가 감지한 정보를 무대 밖 컴퓨터로 전송하여 무용수의 동작이 음악의 강약과 시간, 비디오 영상 등을 통제할 수 있도록 한다(Jackson, 1999).

듀엣 작품인 <Hearbeat>에서는 두 무용수가 흉곽에 전극을 착용하여 심장 박동 소리를 감지한 후 이것을 음악으로 바꾸는 작업을 하였다(Wechsler, 1998). David Rokeby가 발명한 Very Nervous System은 인공지각, 비디오카메라, 컴퓨터, 신디사이저를 결합해 만든 것으로 무용수의 동작을 소리, 음악, 비디오 영상으로 변형시킨다(Birringer, 2002).

Lisa Marie Naugle은 안무가 겸 무용수로서 모션 캡쳐, 쌍방향 화상 회의 등 여러

그림 2.32 MidiDancer를 착용한 채로 춤을 추고 있는 무용수.

가지 기술을 사용하는 창작 작업을 해 왔다. 'the 1999 IDAT Conference'에서는 브로드밴드 네트워크를 이용한 화상 회의를 통해 <Janus/Ghost Storeis>라는 작품을 선보였다(Naugle, 2002). Naugle은 이러한 기술과 무용을 결합하는 데 있어 기술이 인간의 지성을 강조하는 데 쓰여야 한다고 하였다. 그리고 수동적으로 반영하기보다는 능동적으로 활용하여 표현력을 향상시키고 문화 간 소통할 수 있는 기회를 넓혀야 한다고 주장했다(Naugle, 1998). 또한 작품 전체가 컴퓨터기술로만 제어될 수 없으며 무엇보다도 안무의도와 무용수의 움직임이 중요함을 강조하였다(그림 2.33 참고).

◆ 기술 익히기: 시청각 장비

그림 2.33 Laura James가 화상 회의 기술을 활용한 작품 <Janus/Ghost Storeis>의 공연장면이다.

1. Troika Ranch의 웹사이트(www.troikaranch.org)에 접속해 MidiDnacer를 어떻게 활용했는지 살펴본다. 그리고 자신이 MidiDancer를 착용하고 춤추는 것이 어떨지 상상해 본다. MidiDancer나 비슷한 장비를 착용하고 작업하는 것이 자신의 작품에 어떤 영향을 미칠지도 생각해 보자.

2. 이전의 '기술 익히기' 훈련에서 만들었던 동작 시퀀스 중 이러한 기술을 요하는 시퀀스 하나를 선택한다. MidiDancer나 비슷한 장비를 자신의 시퀀스에 어떻게 활용할 것인지 생각해 보자.

3. 즉흥 안무를 하면서 이러한 장비가 움직임의 범위를 어떻게 넓힐 수 있을지 생각해 본다.

제6절 무용의 구성과 형태

앞의 제5절을 통해 디지털 기술과 무용은 여러 방법으로 결합될 수 있다는 것을 배웠다. 배경막에 컴퓨터 이미지가 사용되었고, 공연에 가상 무용수를 활용하기도 했다. LifeForms나 DanceForms와 같은 컴퓨터 프로그램을 통해 무용수들이 동작을 만들며 작품을 완성할 수도 있었다. 또한 MidiDancer나 Very Nervous System과 같은 장비를 사용한 컴퓨터와 무용수 간의 상호작용을 살펴보았고, 인터넷을 통한 화상 회의 시스템으로 공연을 선보인 예도 확인해 볼 수 있었다.

◆ 응용

* 창작

1. 그림 1.10 (a)나 (b)를 바탕으로 만들었던 동작 시퀀스를 떠올린다. 방향, 크기, 높낮이, 시선 등을 조절하며 공간적 변형을 해 보자.

2. 이번에는 시간이나 에너지를 조절하여 변형을 해 보자.

3. 세 번째로는 신체 형태를 바꾸어 변형해 보자.

4. 만약 그룹으로 작업하고 있다면 그룹의 형태나 각 무용수의 움직임 형태(일치, 연속, 대립동작)에 변화를 준다.

5. 위의 동작 시퀀스에서 무용수들의 가장 최적화된 배치를 찾아보자.

6. 포스트모던댄스의 안무기법 중 하나를 선택한 후 그것을 변형하여 동작으로 만들어 보자.

7. '기술을 도입한 안무기법'의 내용을 다시 읽어 보고 기술이 안무기법의 발전에 어떻게 기여했는지 생각해 보자. 이런 기술 중 어떤 것을 어떻게 자신의 창작작업에 사용하고 싶은지 생각해 보자.

＊ 시연

1. 변형된 시퀀스를 각각 시연해 본다. 어떤 것이 가장 쉬웠고 어떤 것이 가장 어려웠나? 왜 그렇게 생각했는가?

2. 어떤 시퀀스가 그림의 조각상을 가장 잘 표현한다고 생각하는가?

3. 자신이 만들었던 시퀀스 중 두 개 이상을 시연해 보고, 각 시퀀스에 대한 신체적 느낌을 비교하고 대조해 보자. 비슷했던 느낌과 달랐던 느낌을 설명해 보자.

＊ 성찰

1. 유명한 안무가의 영상을 관찰한다. 무용수들 간에 혹은 무용수들이 표현하려는 이야기 속 특정 인물들 간의 감정적 관계가 나타나는 작품이어야 한다. 특정한 동작이나 시퀀스가 반복되었는가?

2. 동작이나 시퀀스가 반복될 때 변형되어 반복되었는가? 어떤 변형이 있었는지 자세하게 살펴보라.

3. 같은 영상을 다시 보고 무용수들이 무대공간에 어떻게 배치되어 있었고 어떻게 이동하는지 자세히 살펴보라. 또한 무대공간에서 무용수들끼리 어떻게 연결되어 있는지 관찰하라. 안무가의 무대 사용에 따른 무용수들 간의 관계가 작품의 효과나 의미를 더해 주었는가?

4. 같은 작품에서 무용수들의 얼굴 표정이나 시선에서 함축된 의미가 있었는지 생각해 보자.

5. 작품 영상을 다시 한 번 감상하는데 이번에는 안무가가 무용수들을 어떻게 그룹화했고 네거티브 공간이 어떻게 발생하는지 살펴보자. 그것에 대해 자세히 묘사하고 그것이 성공적이었는지 토론하라.

6. 일치, 연속, 대립 동작의 차이점은 무엇인가? 영상에서 예를 찾아보고 그것이 효과적이었는지 생각해 보자.

7. 거울 앞에서 조각상 그림을 보고 생각했던 동작 시퀀스 중 두 개를 시연해 보자. 그리고 그 두 개의 동작 시퀀스가 시각적으로 어떻게 다른지 비교해 보자.

(예) 신체 형태, 방향

8. 같은 동작 시퀀스를 시연하는 자신의 모습을 녹화하고 거울 속에서 보았던 모습과 어떻게 다른지 확인한다.

◆ 안무 과제

제1장에서 언급했던 영감에 기반을 두고 만들어진 동작으로 다음 과제를 실행한다.

＊ 동작 다양화하기

- 공간, 시간, 에너지, 신체 형태 등을 조절하여 동작을 변형한다. 제1장의 마지막에 만들었던 동작 시퀀스에서 어떤 요소를 변형할 것인지 생각해 보고 그 요소에 집중하여 즉흥 안무를 한다.
- 다른 요소에 집중하여 다른 변형을 만들어 본다.
- 즉흥 안무의 과정을 통해 같은 영감을 바탕으로 한 새로운 동작 시퀀스나 다른 변형 동작을 만들어 보자.

＊ 동작 배열과 관계성 생각하기

- 자신의 영감에 대해서 다시 생각해 보고 어떤 아이디어 혹은 감정을 전달하고자 하는지를 결정한다. 그리고 변형한 동작 시퀀스를 작품 어디에 배열할 것인지 생각해 본다. (예) 초반, 중반, 후반
- 동작을 무대 위의 어떤 위치에서 연기할 것인지, 무용수들 간에 어떠한 관계를 성립할 것인지에 대해서 고민해 본다. 예를 들어 어떤 시퀀스를 혼자 연기하는 것이 적절한지 그룹이 연기하는 것이 적절한지 생각해 보자.
- 작품에서 무용수들의 관계가 어떤지 혹은 어떻게 변화하는지 살펴보자. 일치, 연속 혹은 대립 동작의 사용이 적절한가? 그룹 형태와 네거티브 공간의 사용은 어떠한가?

- 자신의 작품에 포스트모던댄스의 안무기법이나 디지털 기술의 사용이 필요한가?

* 무용수와 함께 작업하기

- 시퀀스나 변형 동작 중 하나를 선택한 후 무용수들에게 지도하고 실행하는 것을 관찰한다. 그리고 다른 방식으로 동작을 배열할지, 무대의 위치는 적절한지 파악한다.
- 다른 시퀀스를 선택하여 다시 지도한다. 그 시퀀스를 그대로 사용해도 좋고 이 장에서 배웠던 기법을 사용하여 변형해도 좋다.
- 무용수들이 춤추는 것을 보고 작품의 순서나 전개에 대하여 고민해 보자.
- 필요하다면 영감의 단계로 돌아가 동작이나 동작 시퀀스를 추가로 만든다. 그 동작을 다시 지도하고 작품의 어디에 포함되어야 할지 고민한다.

제3장
안무의 형식

제3장
안무의 형식

안무 기법에 대해 교육을 받지 않은 사람들도 뛰어난 춤이 어떤 것인지 구분하는 것은 가능하다. 이런 사람들은 본능적으로 어떤 것이 뛰어난 것인지를 알지만 그것이 왜 성공적인지에 대한 분석 혹은 효과적인 작품과 덜 효과적인 작품을 구별하는 것은 쉽지 않다. 이 장에서는 안무를 구상할 때 필요한 형식들에 대해 살펴보도록 하자.

제1절 안무의 형식과 전개

효과적인 작품은 마치 관객이 객석에서 공연 무대로 옮겨진 것처럼 관객과 작품이 하나가 되는 특성을 가지고 있다. 안무를 배우는 과정에서는 작품의 전체적인 형태를 어떻게 형성할 것인지에 대한 감각을 키워야 한다. 우선 안무는 초반부, 중반부, 후반부로 나누어진다. 각 부분은 중요하지만 작품 전체를 보았을 때 서로 잘 어울려 하나가 될 수 있도록 안무를 하는 것이 가장 중요하다.

자신의 작품을 분석할 때는 비디오를 사용할 수 있다. 비디오를 통해 객관적인 안목으로 작품의 전체적인 전개와 형태 등을 평가할 수 있다. 또한 안무가 계속 진행될 때에도 전체적인 구조를 계속 의식하고 있어야 한다. 방향을 잃거나 혹은 한 가지 시퀀스에만 너무 편중되어서는 안 된다. 객관적인 입장에서 춤의 전체적인 전개에 대한 그림을 머릿속에 항상 그리고 있어야 한다.

◆ 관찰하고 반응하기

* 연습

다음 훈련에서는 안무의 형식을 관찰하고 탐구하게 되는데, 이를 통해 다른 사람의 작품을 분석할 뿐만 아니라 자신의 작품도 분석할 수 있게 된다. 자신의 생각과 그림을 일지에 적어 아이디어를 정리하고 나중에 참고할 수 있도록 한다.

1. 유명한 안무가의 작품 영상을 보면서 춤이 어떻게 전개되는지 살펴보자. 초반, 중반, 후반을 구별할 수 있는지 확인한다. 작품을 이해하기 위해 안무가 어떻게 전개되었는지 묘사해 본다.

2. 1번의 분석을 바탕으로 간단한 그림을 그려보자(그림 3.1 참고).

3. 자신의 분석과 다른 사람의 분석을 비교해 보자. 이때 두 사람이 참고한 영상은 동일해야 한다. 각각의 분석이 어떻게 다른지 확인하자.

그림 3.1 두 개의 그림은 두 개의 다른 작품에 대한 전체 형식을 각각 묘사하고 있다.

4. 두 개의 작품에 대한 안무의 형태와 전개를 비교하고, 각 작품을 표현할 수 있는 그림을 그려본다.

◆ 기술 익히기: 관찰하고 반응하기

* 연습

1. 유명한 안무가의 작품 영상을 보고 하나의 동작 프레이즈가 어디서 시작하고 끝나는지 본다. 전체 작품에서 프레이즈를 선별해낼 수 있는지 확인한다.

2. 영상에서 안무가가 사용한 스텝을 찾아보고 이 스텝들이 작품의 전개에 어떻

게 연결되었는지 이해해 보자.

3. 다른 학생과 함께 작품의 동작 프레이즈에 대해 분석하고 토론해 본다.

4. 관찰한 것을 일지에 적어 둔다.

◆ 프레이즈 (구간)

동작의 작은 부분들이 무용의 전체적인 형태나 전개를 구성하게 된다. 이러한 부분을 '프레이즈(phrases)'라고 일컫는다. Bloom과 Chaplin(1982)은 프레이즈가 전체무용의 가장 작은 단위라고 말했다. 음악가인 Robert Kaplan(2002)은 프레이즈는 작은 단위이지만 하나의 프레이즈 다음 다른 프레이즈가 오는 형태가 결국 하나의 큰 작품을 구성하게 된다고 얘기한다. 초보 안무가는 동작의 프레이즈를 어떻게 나누는지 배워야 한다. 이때 시각적, 운동감각적 기능을 모두 이용해야 한다.

프레이즈는 전개의 개념을 가지고 있어야 한다. 자신의 작품에 대한 프레이즈를 운동감각적으로 이해하면서 다른 사람들의 작품에서는 프레이즈가 어떻게 나뉘었는지 이해할 필요가 있다. 프레이즈는 에너지가 점차 커지는 구조, 갑작스럽게 다음 프레이즈로 연결되는 구조, 임의로 여러 동작을 묶어 전개되는 구조 등이 있다. 임의로 동작을 연결해 놓은 경우 이 동작이 어떤 방식으로 연결되었는지 생각해 볼 필요가 있다. 프레이즈 내에 각기 다른 동작은 어떠한 공통된 의도나 의미를 가지고 있어야 한다(Blom and Chaplin, 1982).

프레이즈는 길이와 형태가 달라야 한다. 모든 프레이즈가 같은 길이라면 작품이 지루하고 단조로워진다. Kaplan(2002)은 10박자 혹은 14박자 등 흔히 쓰이는 프레이즈 구조에서 벗어나기를 권한다.

◆ 기술 익히기: 프레이징

이 훈련의 목적은 프레이즈를 나누는 연습을 하고 프레이징에 대한 이해를 높이는 데 있다. 여러 가지 방법으로 프레이징을 시도해 보자.

* 프레이징의 이해
다음 훈련은 프레이징의 이해를 도울 수 있는 구체적인 방법이다.

1. 그림을 이용하여 프레이징에 대한 구체적인 이해를 도울 수 있다. 다음 그림에서 선이 올라가는 것은 동작이나 에너지가 상승하는 것을 나타내고 선이 내려가는 것은 동작이나 에너지가 하강하는 것을 뜻한다. 짧은 선은 짧은 동작을 뜻하며 선이 끊어지는 것은 프레이즈 내 정지가 있었다는 것을 의미한다. 여러 가지 움직임 프레이즈를 표현하는 그림을 그려보자(그림 3.2 참고).

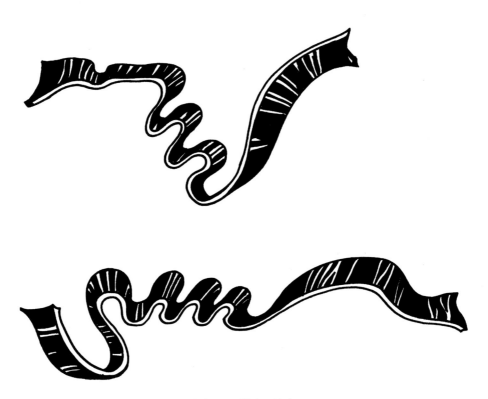

그림 3.2 두 개의 그림은 두 개의 움직임 프레이즈를 표현하고 있다.

* 호흡에 따른 프레이징

다음은 호흡에 따른 프레이즈를 구성하는 연습이다.

1. 숨을 들이마시면서 신체의 한 부위를 움직여 본다. 들이마신 숨이 신체의 여러 부위로 퍼져 나갈 수 있도록 한다.
2. 숨을 들이마시고 신체의 한 부위가 원하는 방향으로 움직일 수 있도록 한다. 숨을 내쉴 때까지 동작을 계속 진행한다. 다음 호흡에서는 다른 프레이즈를 시작한다. 숨을 부드럽게 마시거나 거칠게 마시는 등 여러 가지 방법을 이용하여 프레이즈의 길이나 강조하고 싶은 부분을 부각시킨다.
3. 이번에는 신체의 여러 부위를 움직여 본다.

* 박자에 따른 프레이징

박자의 개수에 따라 프레이즈를 나눌 수 있다. 예를 들어 첫 프레이즈는 10박자, 두 번째는 16박자로 프레이즈를 나눌 수 있다.

1. 신체의 한 부위에서 동작을 시작하고 점차 늘려간다. 10번째 박자에서 마무리한다.
2. 두 번째 프레이즈는 첫 번째보다 짧거나 길게 만든다.
3. 길이가 다른 두 프레이즈를 연결할 수 있는지 확인한다. 각 프레이즈의 박자를 세어본다.

* 에너지의 흐름에 따른 프레이징

에너지의 흐름에 따라 프레이즈를 나눌 수 있는데, 이때 자신의 몸 안에서 에너지를 어떻게 활용하고 있는지 운동감각적으로 자각하고 있어야 한다.

1. 신체의 한 부분에 에너지를 주는 것으로 시작하여 자연스럽게 진행하고 마무

리한다. 동작이 어떻게 자연스럽게 전개되고 마무리되었는지 기억한다.

2. 반복적인 에너지를 사용해 여러 프레이즈를 만들어 본다. 한 프레이즈가 끝나면 다른 프레이즈를 시작한다.

3. 다른 신체부위에 에너지를 가해 동작을 진행한다.

4. 몸 전체에 에너지를 가해 움직여 본다.

5. 각 프레이즈마다 다른 특성의 에너지를 사용한다. 지속적인 에너지, 두들기는 에너지, 진동하는 에너지, 흔들리는 에너지, 떠 있는 에너지, 무너지는 에너지 등을 사용한다.

＊ 정해진 동작에 따른 프레이징

정해진 동작에 따라 프레이즈를 나눌 수 있다. 정해진 동작이나 스텝을 연결하여 전체 프레이즈를 실행할 때 동작 사이를 멈추지 않고 자연스럽게 이어나가야 한다.

1. 3~4개의 정해진 동작으로 하나의 프레이즈를 만드는 연습을 한다. 예를 들어 2개의 걷기 스텝, 4개의 달리기 스텝, 1개의 팔 올리기 동작으로 프레이즈를 만들 수 있다.

2. 각 동작이 어떻게 연결되었으며, 하나의 동작이 다른 동작을 어떻게 이끌어냈는지 살펴보고 적절했는지를 판단한다.

＊ 음악에 따른 프레이징

다음은 음악에 따라 프레이즈를 나누는 데 도움을 줄 수 있는 훈련이다.

1. 하나의 음악을 듣고 비트에 맞추어서 움직여 본다.

2. 이때 동작이 어디에서 시작되고 끝나는지를 살펴본다.

3. 음악의 프레이즈와 비교하여 동작의 프레이즈를 분석해 보자. 이때 음악의 프레이즈를 따라하지 않도록 한다.

4. 음악에 맞추어 추가로 프레이즈를 만드는데, 이때 움직임을 멈추는 동작도 포함
   한다.

◆ 효과적인 안무의 특성

분명한 전개를 가지고 있는 무용을 창작하는 것에 대한 특별한 방법이 있는 것
은 아니지만 효과적인 안무에는 공통된 특성이 있다. 그것은 통일성(unity), 연속성
(continuity), 변화(transition), 다양성(variety), 반복성(repetition)이다.

무용은 통일성이 있어야 한다. 각기 다른 동작도 하나의 흐름이 있어야 한다. 따
라서 작품의 의도와 거리가 먼 프레이즈는 제외시켜도 된다. 또한 연속성이 있는 안
무는 전개와 마무리가 매우 논리적이다. 안무는 작은 부분들을 한데 모아놓은 것이
기 때문에 한 시퀀스에서 다른 시퀀스로 넘어갈 때의 연속성이 자연스러워야 한다. 그
리고 관객의 흥미를 유발하기 위해서는 안무를 다양화 할 필요가 있다. 같은 프레이
즈나 동작을 계속 반복하는 것은 매우 지루하고 단조로운 느낌을 줄 수 있다. 작품
의 통일성을 유지하면서 대비되는 동작이나 무대구도를 사용했을 때 관객의 흥미
를 이끌어 낼 수 있다. 하지만 반복은 어떤 의미에서 중요하기도 하다. 중요한 프레
이즈는 관객이 알아볼 수 있도록 반복되어야 한다. 반복은 작품에서 마무리의 느낌
을 주기도 한다. 또한 중요한 동작이나 프레이즈를 강조하는 데 쓰일 수 있다.

◆ 관찰하고 반응하기

* 연습
다음 훈련을 통해 발견한 모든 것을 기록해 둔다.

1. 안무 영상 중 한 부분을 보고 통일성이나 연속성이 있는지 확인한다. 안무가가
   작품에 통일성이나 연속성을 잘 반영했다고 생각하는가? 왜 그렇게 생각하는

지 이야기해 보자.

2. 안무 영상에서 다양성이 충분히 있는지 확인해 본다. 안무 중 특별히 다양성이 뛰어난 동작이 있었다면 묘사해 본다.

3. 연결성 측면에서 하나의 프레이즈가 다음 프레이즈를 적절히 이끌어냈는지, 연결이 미숙하여 흐름을 방해했는지 확인한다.

4. 안무가가 안무의 다른 부분을 어떻게 연결했는지 확인한다. 조명이나 음악을 사용하여 연결했는지, 무용수들의 연결 동작으로 연결했는지 확인한다.

5. 반복되는 동작이나 프레이즈가 있었는지 살펴본다. 작품 전체에서 반복되는 동작이 어떻게 사용되었는지 확인한다. 같은 방식으로 반복되었는지, 변형되었는지 확인한다. 너무 많이 반복되지는 않았는지 생각해 본다.

6. 같은 영상을 본 다른 사람과 자신이 관찰한 것에 대해 토론하고 그 내용을 일지에 적는다.

◆ 기술 익히기: 다양성과 연결성

1. 작품에 다양성을 부여하는 방법 중 하나는 동작이나 프레이즈를 똑같은 방식으로 반복하지 않는 것이다. 선택한 동작에서 방향이나 에너지의 사용 시간을 바꾸어 보자.

2. 또 다른 방법으로는 한 가지 동작을 신체의 양쪽 방향으로 반복하지 않는 것이다. 왼쪽에서 오른쪽 또는 오른쪽에서 왼쪽으로 계속 반복하는 것은 작품을 식상하고 지루하게 만든다.

3. 연결하는 것을 연습하기 위해서 우선 두 개의 신체 형태를 찾아본다. 첫 번째 형태를 실행하고 두 번째 형태로 이끌어 줄 수 있는 연결 동작을 찾으면서 다음 형태로 움직인다. 이 과정을 계속 반복한다.

4. 직접적 그리고 간접적 통로를 사용하여 3번 훈련을 계속 이어나간다.

5. 짧은 동작 시퀀스를 만든다. 그리고 무대의 어떤 위치에서 연기할지 결정한다.

무대의 한 구역에서 다른 구역으로 넘어갈 때 연결 동작을 만들면서 두 시퀀스의 연속성을 잃지 않도록 한다.

◆ 안무의 형식

안무는 여러 가지 전개 방식을 따른다. 독특한 형태를 사용하기도 하지만 일반적으로 음악적 전개 방식을 많이 사용한다.

* AB

AB형식은 시작 부분 A와 두 번째 부분 B로 이루어져 있다. A와 B는 구성 면에서 어느 정도 통일성을 가지고 있지만, 각각 분위기나 특성 면에서는 대비되는 요소가 있다. 어느 정도 일치하는 동시에 다른 관점을 가지고 있다고 생각할 수 있겠다. 두 부분을 연결할 때 안무가는 AB형태를 따라야 하는데, 이 두 부분은 갑작스럽게 연결하거나 자연스럽게 연결할 수도 있다(Bloom and Chaplin, 1982).

* ABA

자주 쓰이는 또 하나의 형태로는 ABA가 있는데, AB에서 한 단계 더 나아간 형태라고 볼 수 있다. ABA는 음악 이론에서 파생된 개념으로 두 개의 부분 A, B가 있고 A로 돌아가 마무리되는 형식이다. 첫 번째 부분에서 A의 동작 프레이즈가 표현되고 두 번째에서는 대조되는 주제로 진행한 후 A로 다시 돌아가는 반전을 선보인다. 이 형식은 마치 인간이 세상에 태어나고 살아가다가 죽음을 맞이하는 윤회적 삶의 구조와 비슷하다고 얘기하기도 한다(Horst and Russel, 1987). 이 세 부분은 통일성을 유지하면서 각 부분이 연결될 때 대조되는 것을 보여주어야 한다. 예를 들어 A에서 크고 넓은 동작을 사용했다면 B는 같은 양식을 따르지만 공간과 에너지를 적게 사용할 수 있겠고, 마지막으로 A로 돌아갈 때 다시 크고 넓은 동작을 사용하되 첫 번째 A와는 약간 다른 느낌을 주는 것이 좋겠다.

* 스위트

스위트(suite) 형식의 음악은 적당한 템포로 시작한다. 두 번째 부분에서는 느려졌다가 세 번째 부분에서는 빠르고 활동적인 느낌을 준다.

* 론도

론도(rondo)는 한 부분을 계속적으로 반복하면서 중간에 대조되는 부분을 끼워넣는 형식이다. ABACADAEAFA의 형식으로 움직임이 전개된다. 처음 시작하는 A, 대조되는 B, 세 번째에서는 다시 A로 돌아간다. 이때 원래 A를 그대로 써도 좋고 약간 변형해도 좋다. 네 번째로는 C 그리고 다시 A로 돌아간다. 나머지는 D, E, F 부분으로 나뉘어 있고 중간 중간에 A의 반복이 있다.

* 주동작과 변형

주동작(theme)은 작품의 전반적 특성을 잘 나타내며 안무의도를 전달하는 데 있어 주도적 역할을 하는 무용동작을 의미한다. 안무가는 주동작을 하나 선택한 후, 그것을 계속적으로 변형(variation)하여 전체 작품을 만든다. 주동작은 하나의 프레이즈일 수도 있고 여러 개의 프레이즈를 연결한 시퀀스일 수도 있다. 주동작은 작품이 진행되면서 여러 가지 방법으로 변형될 수 있지만 원래 주동작의 시간과 동작 시퀀스는 변하지 않는다. 주동작을 변형할 때는 방향, 높낮이, 동작의 특성, 크기 등을 조절할 수 있다. 주동작과 변형의 형식은 한정된 체계 안에서 여러 가지 가능성을 시도하는 것이기 때문에 안무가에게 많은 도움이 된다(Humphrey, 1987).

* 내러티브

내러티브(narrative)는 현대무용 초기에 매우 유행했던 형식이며, 이야기 구조식 무용극으로 구성되어 있다. 무용극의 길이는 각각 다르게 구성할 수 있다. 간단한 이야기를 묘사하거나 무용수 간 복잡한 심리 관계에 대한 이야기를 전개할 수도 있다. 대규모 그룹이나 복잡한 아이디어를 전달하려고 하는 작품은 1시간 이상이 소요되기도 하지만, 소규모 그룹이나 독무의 경우에는 1분 정도밖에 소요되지 않을 때도 있다. 내러티브 형식은 이미 체계가 짜여있기 때문에 동작은 보통 극적 소재로부터 영향을 많이 받게 된다(Humphrey, 1987).

* 콜라주

콜라주(collage)는 연관되어 있지 않은 여러 동작을 하나로 연결하여 전체를 구성하는 형식이다. 콜라주 형식의 작품은 보통 초현실적이며, 꿈이나 현실세계에서 일어날 수 없는 일들에 대한 것들을 표현한다(Humphrey, 1987).

◆ 관찰하고 반응하기

* 연습

1. 안무가의 영상을 보고, 안무의 전개가 이전에 배웠던 안무 형식 중 어떤 것과 비슷한지 찾아본다.
2. 비슷한 안무 형식을 찾았다면, 그 안무 형식에 대한 질문에 답해 보자.
   - AB 형식에서 대조되는 두 가지 요소를 파악하고, 안무가가 그것을 어떻게 연결했는지 살펴본다.
   - ABA 형식에서 대조되는 두 가지 요소를 파악하고, 세 부분의 연결 구조를 살펴본다.
   - 스윗 형식에서 한 부분이 어디서 마무리되고 다른 부분이 어떻게 시작되는지 찾아본다. 이 형식의 다른 부분에서 템포가 어떻게 변화하는지 살펴본다.
   - 론도 형식에서 구분되는 안무의 부분을 찾고, 각각 대조되는 부분과 연결을 살펴본다.
   - 주동작과 변형의 형식에서 주동작을 찾고, 작품에서 어떻게 변형되었는지 살펴본다.

- 내러티브 형식에서 각기 다른 캐릭터를 찾아보고, 그 캐릭터의 동작 유형이 어떻게 다른지 살펴본다. 또한 캐릭터 간 관계를 설정하기 위해 동작을 어떻게 배열했는지 분석한다.
- 콜라주 형식에서 안무가가 관련 없는 동작을 어떻게 통일성 있게 연결했는지 살펴본다.

3. 2번의 안무 형식과 같은 안무 형식을 사용한 다른 무용수의 영상을 보고 2번의 영상과 비교해 본다.

4. 관찰한 모든 것을 기록한다.

◆ 기술 익히기: 안무의 형식

1. 여러 가지 동작 프레이즈를 이용하여 A부분을 안무한다. B부분은 대조되는 프레이즈로 안무하되 첫 번째 부분과 어울려야 한다.

2. 1번에서의 A를 변형하여 ABA 형식을 만든다.

3. 2번을 토대로 론도 형식을 만들기 위해 A부분을 반복한 후 3~4개의 다른 동작을 만든다. 새로운 동작은 여러 개의 프레이즈를 포함하고 있어야 한다. A를 실행한 후 다른 부분을 실행하고 다시 A로 돌아가는 것을 반복한다.

4. 작품에서의 주동작을 만들고 어떻게 변형할지 생각한다. 예를 들어 주동작에서 방향을 바꾸거나 시퀀스의 순서를 바꿀 수 있고, 동작의 크기나 특성 등을 변형할 수도 있다. 주동작과 변형된 동작을 연결하여 실행해 본다.

5. 내러티브 형식은 이야기 구조가 있어야 한다. 우선 이야기와 캐릭터를 정한다. 그리고 각 캐릭터가 이야기 구조에서 어떤 역할을 하는지와 각 캐릭터 간의 관계에 대해서 생각해 본다. 이야기 소재를 바탕으로 동작을 만들어 본다.

6. 콜라주 형식에서는 각 동작이나 프레이즈마다 각기 다른 분위기를 표현할 수 있다. 연결 동작을 이용해 프레이즈들을 연결한다.

◆ 형식과 내용 연결시키기

즉흥 안무에서 발견한 동작 소재는 안무의 과정을 거쳐 춤으로 형상화된다. 이러한 형식은 전체적인 구성의 의도와 본질에 맞아야 하며, 안무가가 표현하려고 하는 예술적 사상이나 감정과 잘 어울려야 한다. 결국 안무가는 정해져 있는 안무 형식을 그대로 따라가거나 자신의 안무에 보다 적절하면서 특별한 안무 형식을 개발하게 된다.

그림 3.3 Martha Graham과 Bertram Ross의 작품<Appalachian Spring>

자신에게 맞는 안무 형식을 찾으려면 관객에게 무엇을 전달하고자 하는지부터 파악하는 것이 좋다. 보통 영감을 통해 형식을 만들게 되는데, 그렇게 안무된 춤은 의도적으로 배열된 동작들보다 훨씬 자연스럽다(Hawkins, 1988).

* 문학적 안무

현대무용 초기에는 이야기를 전달하는 것이 관례적이었다. 이렇게 이야기 구조를 바탕으로 고안된 안무 형식을 문학적 안무(literal choreography)라 부른다. 현대무용가 Martha Graham은 댄스 드라마(dance drama)라고 표현하는 작품을 많이 만들었는데, 여기서 무용수들은 특정한 캐릭터를 맡아 관객에게 이야기나 메시지를 전달하는 역할을 하였다. Graham의 작품 <Appalachian Spring>와 <Acrobats of God>를 통해 문학적 안무에 대해 살펴보자. <Appalachian Spring>에서는 젊은 신부와 그의 남편이 집을 사고 생활 전선에 뛰어드는 모습을 그렸다면, <Acrobats of God>에서는 안무가로서 느끼는 감정이나 창작의 어려움을 담았다(그림 3.3, 3.4 참고). 문학적 안무는 안무가가 이야기 속의 캐릭터와 내용에 몰입한 후 자신의 기억이나 경험, 상상을 이용하여 동작을 개발하고 하나의 작품을 만드는 것이다.

그림 3.4 Martha Graham과 Graham Company 단원이 작품 <Acrobats of God>을 연기하고 있다.

* 비문학적 안무

최근에는 비문학적 안무(nonliteral choreography)형식을 적용하여 안무에 특별히 전하고자 하는 이야기 구조가 없는 경우가 많다. 이렇게 내용을 전달하기보다 움직임의 탐구에 중점을 둔 안무를 비문학적 안무라고 한다.

* 추상적 안무

어떤 무용의 경우는 문학적이지도 비문학적이지도 않다. 이러한 안무는 이야기를 전달하는 것이 아니라 일상생활에서 영감을 얻는 안무 형식으로 추상적(abstraction)이라고 얘기하기도 한다. 예를 들어 바다나 해변을 표현한다고 가정하자. 이런 안무 형식에서 무용수는 바다를 암시하는 동작을 연기하거나 해변에 대한 감정을 표현할 수 있지만, 파도의 모양을 흉내 내거나 사람들이 해변에서 흔히 하는 행동을 표현하는 등의 직접적인 동작은 피한다. 사람들이 일반적으로 '바다'를 생각하면 떠올리는 것을 좀 더 종합적으로 표현하려 할 것이다. 추상적 안무는 영감의 본질을 찾으려 한다. 현실의 겉모습을 담고 있으면서 말로는 표현할 수 없는 그 무언가를 표현하려 한다. 추상적 안무를 작업할 때에 안무가는 영감에 몰입하고, 영감에 반응해야 하며 자신의 기억과 경험을 끊임없이 연결 지으려고 노력해야 한다.

어떤 유형의 안무이든 그 형식은 매우 중요하다. 안무가는 자신의 작품이 문학적인지, 비문학적인지, 추상적인지, 기존의 안무 형식을 따르는지, 따르지 않는지에 대해 인지하고 있어야 한다. 그 작품이 전통적인지, 실험적인지를 떠나 모든 동작은 창작의 의도와 연결되어야 한다. 완성된 작품은 반드시 부분적 안무의 통합으로 이루어져야 한다.

◆ 관찰하고 반응하기

* 연습

1. 안무 영상을 보고 위의 유형 중 어디에 속하는지 확인한다. 다시 말해 안무의

형식이 문학적, 비문학적, 추상적 형식 중 어디에 속하는지 생각해 본다.

2. 영상에서 본 안무의 형식과 전개를 분석하고 일지에 기록한다.

3. 만약 어떤 유형에도 속하지 않는다면, 이 작품을 어떻게 묘사할 것인지를 일지에 작성하라.

4. 이 안무에 사용된 형식이 작품의 영감과 맞는다고 생각하는가?

5. 이 무용이 유기적인 형식을 띠고 있다고 생각하는가?

6. 자신이 같은 춤을 어떻게 다른 형식으로 접근할 수 있을 것인지에 대해 생각해 보고 일지에 작성한다.

◆ 기술 익히기: 문학적 안무와 추상적 안무

다음의 훈련은 문학적 안무와 추상적 안무에 대한 명확한 이해를 돕기 위해 마련되었다. 추상은 영감을 받은 사물의 형태를 묘사하거나 사람이나 동물의 평범한 동작을 흉내 내는 것이 아니라는 것을 기억해야 한다. 정교한 추상적 접근은 심도 있는 움직임의 발견에서 시작된다. 비문학적 안무는 제2장의 움직임의 변형과 관련된 내용을 참고하도록 하자.

* 문학적 안무

1. 하나의 이야기에서 캐릭터를 고른 후 그 캐릭터의 성격과 특성을 분석한다. (예) 밝은, 명랑한, 슬픈, 우울한, 무자비한, 상냥한. 이후 그 캐릭터의 성격과 특성을 잘 표현할 수 있는 동작 프레이즈를 여러 개 생각해 본다.

2. 이야기를 다시 생각해 보고 그 캐릭터가 이야기 속에서 어떻게 변화하는지 살펴본다. 이야기 속에서 어떠한 사건으로 인해 캐릭터가 반응을 하거나 다른 태도를 취하는 경우가 있을 것이다. 그 변화를 표현할 수 있는 몇 개의 프레이즈를 안무해 보자.

3. 1번과 2번의 동작을 연결하여 짧은 춤을 완성한다. 전체적인 분위기와 특성에

맞게 연결 동작을 만들어 본다.

4. 두 명의 관계를 다룬 이야기를 고른다. 각각의 성격을 표현하는 즉흥 안무를 해 보고 그 둘의 관계를 잘 표현하기 위해 어떻게 동작을 결합할 수 있는지 고민해 보자. 일지에 동작에 관한 아이디어를 적고 작품의 전개와 안무 형식에 대한 간단한 설명도 기록해 둔다.

* 추상적 안무

1. 대조되는 특성의 여러 가지 소리를 가지고 있는 CD를 재생한다. 어떠한 소리는 잔잔한 저음이면서 어떠한 소리는 찢어지는 듯한 높은 소리를 낼 수 있다(이 훈련은 복잡한 음악을 이용하기보다 간단하고 뚜렷한 소리를 사용하는 것이 더 좋다). 음악을 들으면서 빈 종이에 그림을 그리기 시작한다. 처음에는 많은 생각을 하지 않고 소리에 대한 반응을 그림으로 그려 본다. 그림을 그릴 때 팔의 긴장을 푼다(펠트펜과 큰 종이를 쓰는 것을 권한다). 다른 사람의 그림을 비교해 보자.

2. 소리를 다시 한 번 듣고 이번에는 몸을 움직여 본다. 움직임의 발견은 그림에 나타난 소리의 특성이나 형태를 기반으로 한다. 어떻게 움직일 것인지 생각하지 않고 소리의 특성에 따라 계속 움직인다. 이 훈련에서는 그림과 동작이 각 소리에 대한 추상을 의미한다.

3. 시각적 영감을 사용하여 추상의 이해를 향상시킬 수 있다. 여러 가지 색깔의 판지를 준비 하고 여기에 반응하여 움직여 본다. 예를 들어 뜨거운 색깔은 빠르고 활발한 동작을 유발하는 반면에 초록색이나 파란색은 잔잔한 반응을 이끌어 낸다. 색깔 판지를 특정한 모양으로 자르면 형태에 대한 반응도 이끌어 낼 수 있다.

제2절 무용의 양식

안무를 하는 데 있어 마지막으로 영감이나 동기를 찾을 수 있는 방법은 특정한 무용 양식을 따르는 것이다. 자주 활용되는 무용

그림 3.5 전형적인 재즈 댄스 동작. 무릎을 굽혀 무게 중심이 매우 낮은 곳에 있다.

양식에는 재즈(jazz), 서정적(lyric), 코믹(comic), 기하학적(geometric) 양식이 있다. 무용 양식은 작품의 전체적인 느낌을 표현하고, 에너지와 리듬이 작품 내에서 어떻게 흘러가고 분배되는지와 안무가가 어떤 선과 형태를 사용할 것인지를 결정짓는다.

재즈 양식은 보통 전통적인 재즈 댄스를 의미하며 스텝, 동작, 패턴 등에서 전형적인 재즈의 느낌을 담고 있다. 재즈 양식의 무용으로는 에너지와 리듬감이 살아있는 신나고 활기찬 동작을 선택하도록 하라. 재즈 양식은 예리하면서 부드러워야 하고 가끔은 아이솔레이션(isolation)을 해야 한다. 아이솔레이션이란 신체의 한 부분만을 이용해 움직이는 것을 뜻한다. (그림 3.5 참고). 재즈 음악에서는 약한 박자에 강세를 준다. 예를 들어 4/4박자의 음악에서 두 번째와 네 번째 박자에 강세를 주어 당김음을 형성한다. 재즈 음악은 당기거나 혹은 대립되는 것이 특징이다.

재즈 양식에 비해 서정적 양식은 부드럽고 잔잔하며 절제되어 있다. 사실 서정적 양식의 동작은 둥근 선과 형태를 사용한다는 점에서 고전 발레(classical ballet)와 비슷하다. 서정적 양식의 무용은 많은 사람들이 생각하는 전형적인 무용의 모습이라 할 수 있다(그림 3.6 참고).

그림 3.6 서정적인 느낌을 주는 동작. 부드럽고 둥근 형태의 팔에 주목하라.

코믹 양식의 형태는 특이하다. 복잡한 동작 패턴이나 아이디어를 사용하지 않는 대신 간단한 주제에서 파생된 동작을 사용한다. 안무가는 일상생활에서 일어날 수 있는 재미있는 상황을 생각해 보고 그것을 적용한다. 코믹 양식은 무용의 구성 요소가 특이하게 배열되었을 때 잘 표현된다(그림 3.7 참고).

그림 3.7 코믹 양식의 동작

기하학적 양식은 선과 형태를 강조한다. 때로는 추상적 양식이라고도 불리는데 여기서 우리는 앞서 배웠던 추상(abstraction)의 개념과 혼돈하지 않기 위해서 '기하학적'이라는 단어를 사용했다. 기하학적 양식의 무용은 비문학적이고 순수하게 동작만을 조절하여 표현하는 데 목적이 있다. 어떠한 느낌이나 의도를 표현하려고 하지 않는다. 기하학적 양식의 무용을 보면 관객은 시각적 디자인과 작품 내 에너지의 사용에 몰입하게 된다. 안무가들은 이 요소들을 어떻게 공간에 적용할 것인가에 중점을 둔다(그림 3.8 참고).

그림 3.8 선, 형태, 구상을 강조한 기하하적 동작이다.

이야기를 전달하는 문학적 무용을 만들 것인지, 비문학적 무용을 만들 것인지는 철저하게 안무가의 손에 달려 있다. 재즈 양식과 서정적 양식을 결합시킨 구성으로 관객에게 이야기를 전달해도 좋다. 안무의 동기가 무엇이든지 영감에 맞는 안무를 하도록 하라.

◆ 관찰하고 반응하기

* 연습

1. 안무 영상을 보고 그 안무가 네 가지 양식 중 어떤 것에 속하는지 생각하라. 그 양식을 따르는 동작의 특성에 대한 리스트를 작성한다.

2. 만약 네 가지 양식 중 어디에도 속하지 않는다면 안무 양식에 대해 자세히 묘사해 보고 그것을 일지에 적는다.

3. 두 번째 안무 영상을 보고 첫 번째 안무 영상의 양식과 비교해 본다. 두 가지 안무는 어떻게 비슷하고, 또 다른가? 공간, 시간, 에너지, 형태 등 동작의 요소를 어떻게 사용했는지 일지에 적는다.

◆ 기술 익히기: 무용의 양식

1. 걷기 등 하나의 동작을 선택하고, 각기 다른 네 가지 양식으로 연습해 본다.

2. 다른 동작을 골라 같은 연습을 한다. 각 양식마다 운동감각적 느낌이 다르다는 것을 인식하라.

3. 프레이즈가 여러 개 들어간 동작 시퀀스를 만든다. 네 가지의 다른 양식으로 연습해 본다.

제3절 무용의 주제

주제를 선택하는 것은 안무의 구성에 커다란 영향을 미치게 되는데 이것은 영감을 통해 작품의 형태가 만들어지기 때문이다. 동작은 한 번 보이고 사라진다. 하지만 그 동작은 관객의 기억 속에 남게 되고 차곡차곡 쌓여 전체적인 그림을 그릴 수 있게 된다.

복잡한 주제는 안무에 적절하지 못하다. 함축적인 주제가 안무를 구성하는 데 있어 훨씬 좋은 영감이 된다. 철학적인 주제는 단어 또는 단어와 움직임이 혼합되어 표현되었을 때 효과적으로 전달된다.

◆ 관찰하고 반응하기

* 연습

1. 여러 가지 무용 영상을 본다. 안무의도에 관한 설명을 읽지 않고, 각 안무의 주제를 파악해 본다.
2. 일지에 영상의 형식과 전개를 비교, 대조한 것을 적는다. 형식에 대해 자세히 묘사한다. 안무가가 AB, ABA 등의 전통적인 형식을 따랐는지 살펴본다.
3. 1번에서 감상했던 안무의 양식에 대해 각각 설명하고 일지에 적는다.
4. 만약 비문학적 안무라면 어떤 특성을 가지고 있으며, 전체적으로 작품이 어떻게 전개되었는지 살펴본다.

◆ 기술 익히기: 무용의 주제

1. 하나의 감정을 선택하고 그에 맞게 여러 가지 동작 프레이즈를 만들어 본다.
2. 1번 훈련의 일환으로 다른 사람에게 자신의 동작 프레이즈를 보게 한 후, 자신이 의도한 느낌이 잘 전달되었는지 확인한다.
3. 만약 제대로 전달하지 못했다면 동작 프레이즈를 다시 만든다. 공간, 시간, 에

너지, 형태 등 어떤 요소를 바꿀 수 있을지 생각해 본다.

4. 1번을 반복하되 다른 영감을 사용하라.

5. 좀 더 복잡한 아이디어를 적용해 보고, 안무에 어떤 변화가 있었는지 살펴보자.

제4절 무용수와의 소통

안무가는 작품의 전체 그림을 볼 수 있는 시각을 길러야 한다. 공간적 관점에서, 무용수들의 그룹과 대형은 작품이 진행되는 동안 끊임없이 변화한다. 각 그룹은 역동적이면서 관객이 재미있어 할 만한 흥미로운 그림을 보여주고 다음 부분으로 넘어가게 된다. 안무가는 전체 작품이 연속성 있게 전개되도록 적절한 연결고리를 사용해야 한다.

즉흥 안무를 통해 발견한 프레이즈를 충분히 연기해 보고, 작품에 대한 전개를 파악했다면 무용수들에게 동작을 가르쳐도 좋다. 무용수들은 안무가가 상상한 그대로 연기할 수도 있지만 언제나 그렇지만은 않다. 대부분의 상황에서는 동작을 어떻게 표현해야 하는지 세세하게 지도해야 할 것이다.

◆ 무용수와 소통하기

무용작품을 관객에게 전달하는 것은 매우 중요하며 지도가 필요한 부분이다. 무용수는 세심하고 주의 깊게 연기해야 하며, 동시에 관객에게 에너지를 전달하는 방법을 배워야 한다.

안무가는 무용수들과 안무 의도에 대해 충분히 상의하는 것이 중요하다. 이러한 소통은 공연의 질을 향상시킬 뿐만 아니라 무용수들이 작품의 영감에 더 몰입하고 안무가의 생각을 이해하는 데 도움이 된다. 적절한 형상화가 지도하는 데 도움이 될 것이다. 안무 의도와 관련된 이미지를 많이 생각해 보고 무용수들과 작업할 때 항상 머릿속에 기억하라. 특정한 이미지는 일지에 적어 두는 것도 좋다. 프레이즈나 시퀀스와 관련된 문제가 발생하면 무용수에게 그 이미지를 설명하여 문제를 해결하자.

만약 계속 원하는 결과가 나오지 않을 때, 마지막 수단으로 동작을 간단하게 수정하거나 변경할 수 있다. 무용수가 동작을 제대로 연기하지 못하거나 동작 실행에 자신이 없어 보인다면, 그것은 결국 안무가의 작업에 방해가 될 수 있다. 만약 작업을 수정해야 한다면 작품의 양식과 의도에 맞게 바꾸어야 하는 것을 명심해야 한다.

어느 정도 작품이 그 형태를 갖추어 나가고 있다면, 이제 작품의 전체를 신중하게 관찰해 보자. 비디오 촬영을 하고 무용수들과 함께 관찰해 보자. 만약 문제점을 발견한다면 바로 지적하고 고쳐나갈 수 있도록 조언하자. 무용수는 연기할 당시 동작을 잘못 실행한 것을 깨닫지 못했을 수도 있다. 이렇듯 자신이 안무한 작품의 영상을 보는 것은 뚜렷한 개선효과를 거두게 된다.

◆ 기술 익히기: 무용수와 소통하기

1. 다음 훈련에서 전달 방식에 대해 배울 수 있다. 무용수가 손을 대각선 방향 앞으로 뻗는 등의 간단한 동작을 실행하는 것을 지켜본다. 같은 동작을 반복하게 하고 이번엔 팔을 신체의 중심에서 가능한 멀리 뻗도록 지시한다. 두 번째에 동작이 더 커진 것을 느낄 수 있을 것이다.

2. 다른 방법으로는 동작을 하면서 호흡하는 것이다. 일반적으로 무용수들은 올라가거나 바깥쪽으로 향한 동작을 할 때 숨을 들이마시고, 내려가거나 안쪽으로 향한 동작을 할 때 숨을 내쉰다. 숨을 참고 간단한 동작을 하도록 지시해 보자. 두 번째는 호흡하면서 같은 동작을 하도록 지시하자. 두 번째 동작이 더 자유롭고 살아 있다는 느낌을 줄 것이다.

3. 적절한 형상화는 동작 개선에 도움을 준다. 무용수에게 특정한 동작을 하도록 지시하고 관찰한다. 무용수의 동작을 정교하게 개선할 수 있을만한 이미지를 제안한다. 같은 동작으로 여러 가지 이미지를 실험해 보고 각각의 이미지가 어떠한 변화를 보이는지 살펴본다(표 1.1 '이미지의 유형' 참고).

제5절 안무 형식의 습득

Hawkins(1988)는 안무 능력을 향상시키는 것은 발전 단계를 거치게 되며 오랜 시간이 걸린다고 하였다. 관찰, 경험, 학습 등의 과정에서 많은 시행착오를 겪게 될 수 있기 때문이다. 초기에는 명확성과 정확성이 떨어질 수 있다. 초보 안무가는 강한 도입부로 시작했지만 그에 맞는 논리적인 마무리를 하지 못하는 경우도 있고, 연속성과 일관성없이 동작을 단순하게 나열하게 될 수도 있다. 유명한 안무가의 현장 공연이나 영상을 보는 것은 자신의 작품이 어떠한 형태를 갖추어야 하는지에 대한 이해를 돕는다. 안무는 수년간의 연습이 필요한 기술이다. 안무가는 자신의 작품을 만들고 연습하는 데 충분한 시간을 투자해야 하며 많은 경험과 인내가 필요하다. 독창적인 안무를 구성하는 데 있어, 특히 그 과정의 초기에는 다른 안무가를 흉내 내지 않고 자신만의 작품을 만드는 데 고군분투해야 한다(Lavender, 1996).

안무 수업 시 여러 개의 짧은 춤을 하나로 조합하는 과제를 많이 받게 될 것이다. 이러한 짧은 작품을 습작(study)이라고 한다. 습작은 전체 작품을 구성하는 과정과 연관이 있다. 따라서 전체 작품의 구성에 대한 이해를 높이기 위해 각각의 습작들이 어떻게 이루어지고 어떠한 형태를 갖추게 되었는지 연구할 것이다. 제1장에서 살펴보았던 바와 같이 습작이나 무용작품을 창작하기 위한 첫 번째 단계는 탐구와 즉흥을 통해 적절한 동작을 찾아내는 것이기 때문에 작품의 형태를 만들 때에도 이러한 탐구가 이루어져야 한다.

◆ 응용

* 창작

이 장을 통해 무용작품이 어떻게 안무되는지에 대한 개념을 이해했을 것이다. 다음 훈련을 위해 그림 1.10의 조각상을 바탕으로 만들었던 동작 시퀀스와 변형을 사용한다.

1. 동작과 동작의 변형을 다시 시연해 보고, 어떤 동작을 자신의 작품에 포함할지 결정한다.

2. 무용작품의 형식을 잠정적으로 결정한다.

3. 동작을 배열한 후 다시 재배열해 본다. 그림 1.10의 조각상을 바탕으로 만든 동작들을 어떤 방식으로 배열하면 좋을지 생각해 본다.

* 시연

1. 자신의 춤을 연습하고 그 모습을 촬영한 후 관찰한다. 어떤 부분이 좋았고 어떤 부분이 미숙했는지 확인한다.

2. 처음의 영감과 어떤 면에서 비슷하고 어떤 면에서 대조되는가? 다시 말해 모든 동작이 영감과 의도를 잘 표현했는가?

3. 어떤 동작이 어울리지 않는다면 새로운 동작을 만들어야 할지 재배열을 통해 개선될 수 있을지 고민해 보자.

* 성찰

1. 개선된 춤을 다시 한 번 촬영 후 관찰한다. 자신의 춤을 보았을 때의 느낌을 묘사한다. 예전 기억을 떠올리게 되거나 특별히 떠오르는 이미지가 있었는가?

2. 그림 1.10의 조각상에서 받은 느낌이 춤에 표현되었는가?

3. 춤의 형식이 적절한가? 아니면 다른 형식으로 바뀌어야 하는가?

4. 자신의 춤을 개선하기 위해 집중할 수 있는 이미지나 아이디어가 있는가?

5. 작품의 창작 과정을 생각해 보고, 초기 영감을 받은 단계부터 자신의 창작 과정을 상세히 설명한다.

6. 이번 창작 과정을 통해 안무가로서 성장한 것을 느끼는가? 그렇다면 창작 과정 중 어떤 단계 혹은 어떤 측면이 안무를 이해하는 데 도움이 되었나?

◆ 안무 과제

제1장에서 언급했듯이 창작 과정은 순환적이기 때문에 두 번째 단계에 있더라도 언제든지 다시 처음으로 돌아가 새로운 동작을 만들 수 있다. 이번 안무 과제는 제1장과 제2장의 안무 과제에서 만든 동작을 하나의 춤으로 만드는 것이다.

* 동작 프레이즈 만들기
- 제1장과 제2장에서 만들었던 동작과 동작의 변형을 살펴보고, 프레이즈를 어떻게 나눌 것인지 고민해 본다.
- 각 프레이즈의 길이는 달라야 한다.
- 필요하다면 동작 프레이즈를 다시 정리하거나 새로운 프레이즈를 만든다.

* 무용 형식 선택하기
- 이 장에서 다루었던 무용 형식에 대해 다시 살펴보고, 그 중 자신의 작품에 가장 적절한 형식을 하나 선택한다.
- 자신이 선택한 동작 프레이즈들은 전체 작품의 초반, 중반 혹은 후반부에 배치될 수 있다. 이제 어떠한 프레이즈가 도입부에 배치될 것인지 결정한다.

* 작품 구성하기
- 첫 번째 동작 프레이즈를 연기한 후, 여러 가지 프레이즈로 작품의 구성을 실험해 본다. 프레이즈 사이에 연결 동작이 필요한지 파악하고 필요 시 동작을 변형한다.
- 자신이 선택한 무용 형식으로 무용수를 배치한다. 필요하다면 수정하라.
- 스튜디오에 돌아와 동작을 다시 시연해 보고 문제가 발견되면 새로운 동작을 만든다.
- 무용수와 함께 연습을 계속 반복한다. 이때 필요하다면 계속 수정하라. 효과적인 무용 형식의 기준을 머릿속에 항상 생각하라.

제4장
공연 연출

제4장
공연 연출

공연을 연출하는 것은 꽤나 벅찬 작업이지만 연출 과정을 작은 업무 단위로 쪼개어 놓고 단계별로 진행하면 이에 대한 문제를 최소화할 수 있다. 성공적인 무용공연은 체계적으로 조직화되어 있다. 이것은 공연의 오디션부터 공연의 마무리까지 모든 측면을 고려했다는 것을 의미한다. 이 장에서는 오디션을 시작하는 방법부터 연습 일정 계획하기, 블로킹 리허설, 테크니컬 리허설, 드레스 리허설에 대해서 설명할 것이다. 또한 댄스플로어와 프로그램북에 대한 부분도 언급 할 것이다. 공연의 기술적인 면은 연출력을 향상시켜 줄 수도 있지만 때로는 연출력을 방해할 수도 있다. 따라서 반주음악을 어떻게 녹음하는지, 무대의상과 조명을 어떻게 디자인하는지, 소도구와 무대장치를 어떻게 적절히 사용하는지에 대해 상세히 다루었다. 마지막으로 비공식적인 공연과 시연회를 연출하는 방법도 소개하였다.

제1절 기획 및 조직

공연이 공식적인지 비공식적인지에 따라 공연의 내용이 달라질 수 있다. 공연은 무용전공자와 일반 관객 모두를 만족시킬 수 있는 내용이어야 한다. 관객을 고려하지 않고 작품내용을 준비하는 것은 장기적 관객을 놓치는 것이다. 예를 들어 보수적인 집단 앞에서 실험적인 공연을 준비하는 것은 좋지 않다. 또한 특정 인종 집단을 위한 공연을 기획하고 있다면 그들의 문화에서 파생된 무용 형식을 포함하는 것이 도움이 될 것이다. 그리고 무용에 대한 이해가 부족한 집단이라면 공연 전에 관객에게 설명을 하는 것도 좋다. 관객의 이해를 돕기 위해서는 보통 공연 해설문이나 시연회를 준비한다. 무용에 대해 박식한 집단은 특별한 설명 없이도 감상이 가능하지만 공연의 내용은 그 집단의 취향에 맞게 준비해야 한다.

공연을 기획할 때는 특히 안무적 양식과 무용수의 인원 등 프로그램의 다양성 측면을 고려해야 한다. 또한 짧지만 흥미로운 춤을 도입부에 배열하여 늦게 도착한 관객이 빠르게 착석할 수 있도록 하고, 휴식시간 바로 전에 재미있는 춤을 배치해 관객이 2부를 기대하도록 만든다. 마치 가장 맛있는 것을 가장 나중에 먹으려고 아껴두는 것처럼, 작품 내에 가장 멋진 부분을 끝까지 남겨두어 작품의 에너지와 강조할 부분들을 후반부에 집중시킨다. 그리고 프로그램 순서는 무용수가 의상을 교체해야 할 때 하나의 작품을 쉬고 그 다음 작품에 투입될 수 있도록 현실적인 조건을 고려하여 순서를 구성한다. 의상 교체는 최대한 빠르고 자연스럽게 할 수 있도록 하며, 촉박하게 의상을 교체해야 하는 상황은 최대한 피하는 것이 좋다.

◆ 오디션 개최

오디션은 공연을 연출하는 가장 처음 단계로 많은 무용수들을 긴장하게 만드는 과정이다. 새로운 동작 소재를 배우고, 낯선 공간에서 연기를 하며, 모르는 사람 앞에서 춤을 춘다는 것은 대단히 긴장되는 일이다. 무용수들에게 되도록 일찍 오디션장에 도착하도록 공지하여 충분히 몸을 풀고 휴식할 수 있는 시간을 준다. 오디션장에 미리 도착하여 그 장소에 익숙해지는 것은 무용수들의 긴장을 덜어내는 데 도움이 될 것이다.

오디션은 보통 정신없이 바쁘기 마련인데, 여러 가지 방법을 통해 정리된 분위기에서 오디션을 진행할 수 있다. 우선 오디션에 참가한 각 무용수들에게 부여된 번호를 배포하고, 각자의 몸에 부착하게 한다. 보통 오디션 다음의 미팅에서 무용수를 선발하기 때문에 각 무용수의 번호를 알고 있는 것은 중요하다. 그리고 항상 같은 순서로 오디션을 진행해야 한다. 또한 오디션 지원서에 각 무용수들의 연락처와 연습이 가능한 날짜는 꼭 기입하도록 한다.

오디션은 자신의 동작 패턴을 전체 그룹에게 교육하는 것으로 시작한다. 안무의 종류나 양식을 대표할 수 있는 동작 시퀀스를 선보인다. 되도록이면 짧은 시퀀스를 선택하는 것이 좋은데, 이것은 오디션 시간을 최대한 줄이고 원활한 진행을 위해서이다. 각 시퀀스를 연습할 시간을 제공하고 필요 시 질문을 받는다. 마지막으로 무용수들이 시퀀스를 연기하는 것을 관찰한다. 소규모 그룹으로 나누어 진행한다. 예를 들면 10명씩 나누어 각 무용수들의 특징을 유심히 살펴볼 수 있도록 한다. 표현의 명료성(clarity), 정확성(accuracy), 이해력(understanding), 활력(vitality)을 기준으로 평가하고 자신의 작품에 가장 적합한 무용수를 선택한다. 또한 동작을 빨리 습득하고 안무의도와 안무가의 제안을 잘 받아들이고 오디션 과정에서 집중력이 좋은 무용수를 뽑아야 한다.

하나 이상의 작품을 구상한다면 무용수마다 역할의 배분을 적절하게 한다. 선발 명단은 가능한 빨리 공지한다. 오디션 다음 날 아침이 적당하며, 선발 명단에 첫 연습 장소와 날짜를 공지하는 것이 바람직하다.

◆ 기술 익히기: 오디션 개최하기

제3장의 안무 과제에서 만들었던 작품을 바탕으로 훈련을 진행한다.

1. 오디션 안내장을 만든다. 오디션에 필요한 모든 정보를 적어야 한다.
2. 작은 종이에 번호를 적는다. 이것은 오디션 참가자가 몸에 부착할 것이므로 동작에 방해가 되지 않을 만큼 작아야 하며, 번호는 오디션장 어디에서도 보일 수 있을 만큼 크게 적어야 한다. 무용수의 옷에 고정할 수 있는 핀을 준비한다.
3. 오디션장에 무용수들을 어떻게 배치할 것인지를 상상해 본다. 예를 들어 무용수들이 바라보는 방향이나 진로에 대해 생각해 본다. 하나의 그룹을 몇 명의 무용수로 배분할 것인지 결정한다.
4. 오디션에 사용할 동작 시퀀스를 고른다. 모든 오디션 참가자들은 시퀀스를 연습한다. 이때 동작 신호(movement cue)를 알려줌으로써 공연 패턴에 대한 이해

를 도울 수 있다. 무용수들로부터 시퀀스에 대한 동작의 특성을 끌어내기 위해 어떤 이미지나 아이디어를 설명하는 것도 좋다.

◆ 리허설 일정 계획

성공적인 공연을 위해서는 잘 짜여진 리허설 일정이 매우 중요하다. 매주 2~3회의 리허설을 한다. 리허설 시간은 매 리허설마다 충분한 진척을 보일 수 있을 정도의 길이가 바람직하다. 너무 길면 무용수들이 지칠 수 있으니 유의하자. 무대에서 리허설을 하기 전 우선 연습실에서 많은 연습을 할 수 있도록 한다. 무대에 섰을 때 빠르게 적응하는 것을 돕기 위해 무대 구도로 연습실 바닥에 테이프를 붙여 둔다. 등퇴장하는 위치도 표시해 둔다.

* 블로킹 리허설

블로킹 리허설(blocking rehearsal)이란 무대 위에서의 가장 효과적인 배치를 위해서 무용수가 어느 지점에서 앉거나 서거나 움직여야 하는지에 대해 가장 적절한 위치를 정하는 과정을 말한다. 무대 리허설의 첫 단계는 블로킹을 위한 리허설로 보통한 번만 진행하는데, 이때 무대 위에서 모든 동작의 위치와 배치가 이루어진다. 긴 작품일수록 블로킹 리허설에 시간을 더 많이 쏟아야 한다.

우선 모든 무용수가 작품 전체를 시연해 보는 것으로 블로킹 리허설을 시작한다. 이때 무용수를 어디에 재배치할 것인지 고려한다. 그 다음은 천천히 시연하면서 무용수들에게 위치를 지시한다. 무대구도를 명료하게 설명하여 각 무용수가 쉽게 따라할 수 있도록 하자. 무대 위에서 무용수 간 어떤 관계를 유지해야 하는지 알려주고 각 무용수가 어디로 등퇴장하는지 설명한다. 안전 차원에서 무대 위 전문 기구의 위치를 파악해 둔다. 무용수는 마스킹(masking), 배선장치, 조명, 음향도구가 어디에 위치해 있는지 알고 있어야 공연 중의 사고를 막을 수 있다. 모든 배선은 테이프로 고정시키고, 튀어나와 있거나 뾰족한 물건에는 카펫 천으로 감싸 등퇴장 시 있을 수 있는 불의의 사고를 미리 예방하자. 또한 공연을 하지 않고 무대 옆에서 대기 중인 무용수들은 관객에게 보이지 않도록 주의를 준다. 등장을 기다리는 모든 무용수는 레그(leg: 옆 커튼) 뒤에서 서로 가까이 붙어 서 있는 것이 좋다.

어떤 공연에서는 작품마다 전막(front curtain)을 내릴 수 있지만, 시간이 너무 오래 걸리기 때문에 전막을 올려둔 채 조명을 어둡게 하여 다음 작품으로 넘어갈 수도 있다. 이런 경우에는 공연이 시작하기 전, 휴식시간, 공연이 끝난 후에 전막을 내린다. 만약 전막을 올려둔 채 조명을 어둡게 한 상태에서 무용수들이 입장을 해야 한다면, 미리 플로어에 형광 테이프로 위치를 표시해 두어 무용수들의 편의를 도울 수 있다.

공연히 끝난 후에는 고개 숙여 인사하는 것이 관례이다. 인사를 함으로써 안무가 한층 전문성이 있어 보이고, 마무리의 느낌을 한층 살릴 수 있다. 작품이 끝나고 무용수들이 다시 무대 위로 재빨리 올라온 후 조명이 켜졌을 때 인사를 하고 조명이 다시 어두워지면 무용수들이 퇴장을 하게 된다. 보통 무용수들이 한 줄로 서서 허리부터 숙이며 인사한다.

맨 오른쪽이나 맨 왼쪽의 무용수가 리드한다. 과장된 인사는 격식을 오히려 떨어뜨린다. 공연이 성공적이었을 때는 두 번 이상 인사하고 얼굴 표정은 활짝 웃을 수도 있다. 각 무용수가 다른 방법으로 다른 높이로 인사하는 것은 공연을 방해한다. 친구나 가족에게 손을 흔들거나 제스처를 보내는 것도 옳지 않다. 반면에 고개 숙여 인사하는 대신 공연 중의 한 동작을 골라 다 같이 그 자세를 취하는 것은 효과적인 인사 방법 중 하나이다(그림 4.1 a~c 참고). 블로킹 리허설 때 인사하는 부분까지 연습하는 것이 좋다. 라이브 연주로 진행된다면 반주자까지 인사에 참여해야 하는 것을 잊지 말자.

* 테크니컬 리허설

보통 블로킹 리허설 다음에 테크니컬 리허설(technical rehearsal)이 진행된다. 테크니컬 리허설에서는 조명을 설치하고 조명 신호에 맞춰 연습을 하면서 무용수들이 이 신호에 익숙해 질 수 있다. 조명감독은 적시에 조명을 비출 수 있도록 동작을

그림 4.1 (a) 한 줄로 서서 하는 간단한 인사

그림 4.1 (b) 효과적이지 못한 인사

그림 4.1 (c) 안무 중 포즈 하나를 다 함께 취하는 인사

여러 번 반복해서 보아야 한다. 따라서 조명감독이 리허설에 참석하여 조명 신호에 미리 적응해 두는 것이 좋다.

테크니컬 리허설에서 무용수들은 전체 안무를 한 번 연기하는데 조명에 수정 사항이 있을 때마다 바로 고치도록 한다. 간혹 조명 신호가 반주음악에 맞추어 진행될 때도 있으나 대부분의 공연, 특히 현대무용공연에서는 무용 동작이나 자세에 맞춰 조명 신호를 맞추는 것이 바람직하다. 조명감독은 각 신호를 적어 원하는 효과를 내기 위해 어떤 조명 도구를 사용해야 하는지 표시해 둔다. 공연의 처음부터 끝까지 모든 신호는 번호화되어 있어야 하고, 각 조명이 작품에 어떤 효과를 주는지 기록해 놓아야 한다. 또한 조명 신호의 길이도 적어 두면 좋다. 신호를 외우는 것은 추천하지 않는다. 공연에서 신호가 많으면 모두 다 외우기가 무척 힘들기 때문이다.

조명이 완벽할 때까지 조명감독과 작품에 대한 계속적인 협의가 이루어져야 한다. 그리고 드레스 리허설 시간에 조명 신호를 다시 한 번 확인할 수 있을 것이다. 테크니컬 리허설 때 시간적 여유가 있다면 모든 신호가 확정되었을 때 마지막으로 공연 전체를 한 번 더 시연해 본다. 보통 테크니컬 리허설을 통해 모든 조명 신호를 확정짓게 되므로 이 부분의 시간을 가능한 오래 계획하는 것이 좋다.

* 드레스 리허설

드레스 리허설(dress rehearsal)은 실제 공연 바로 전에 진행하는 것으로 여유가 된다면 한 번 이상 공연 전체를 시연하는 것이 필요하다. 조명과 무대의상에 관련하여 마지막으로 확인하는 시간이며, 실제 공연의 속도로 리허설을 진행해 보는 것이 좋다. 작품 사이에 준비 시간이 너무 길어지면 관객들은 지치기 때문에 등퇴장을 가능한 빨리 해야 한다. 두 개 이상의 작품을 연속적으로 하는 무용수는 의상을 갈아입는 연습을 해야 할 것이다. 때로는 공연에 출연하지 않는 사람 중에서 의상 보조자를 정해 두면 공연 전체 흐름의 속도를 높일 수 있다. 의상 보조자는 갈아입을 옷을 미리 준비하고 무용수가 의상을 갈아입기 쉽도록 도와준다. 스크린 뒤에 탈의실을 설치하는 것은 빠르게 옷을 갈아입는 데 도움을 줄 수 있다. 모든 리허설 일정은 일정표에 표기하여 무용수들이 쉽게 볼 수 있는 곳에 부착한다.

◆ 기술 익히기: 리허설 일정 계획하기

탁상형 달력에 모든 일정을 적어 두고 주요 일정표를 사용하라.

1. 극장에서 리허설을 하는 날은 블로킹, 테크니컬, 드레스 리허설의 순으로 진행

한다.

2. 블로킹 리허설은 보통 1~2시간이 걸리지만 짧은 작품의 경우 시간이 적게 소요될 수 있다.

3. 테크니컬 리허설은 대체로 오랜 시간을 요한다. 특히 신호가 많은 긴 작품일 경우 반나절 가량의 시간이 소요될 수도 있다.

4. 공연 바로 전에 드레스 리허설을 한다. 드레스 리허설은 극장을 사용할 수 있는 시간에 따라 횟수가 달라진다.

5. 가능하다면 조명의 수정, 영상이나 사진 촬영, 추가 연습 등을 할 수 있도록 리허설 시간을 넉넉하게 잡아놓는다. 주요 일정표에 이와 관련된 모든 일정을 표기해 둔다.

◆ 댄스플로어

이상적인 댄스플로어(dance floor)의 표면은 서스펜디드 플로어(suspended floor)로 부드럽고 흠집이나 조각, 가시 등이 없어야 한다. 시멘트 플로어(cement stage floor)는 무용을 하기에 적합하지 않다. 플로어에 못, 나사 혹은 무용수에게 상해를 입힐 수 있는 다른 뾰족한 물체가 있는지 확인한다. 조각난 부위가 있다면 테이프로 가리고 바닥과 같은 색깔로 페인트칠을 한다. 매 리허설과 공연 때마다 젖은 대걸레로 플로어를 닦고 무대의상을 더럽힐 수 있는 먼지를 제거한다.

◆ 기술 익히기: 댄스플로어 확인하기

1. 공연공간을 찾는다. 무대나 연습실이 될 수 있다. 앞뒤 좌우를 천천히 걸어 보고 바닥에 문제가 없는지 확인한다. 구멍이나 조각난 부분에 테이프를 붙여야 할지 확인한다.

2. 바닥에 대걸레질을 해야 할 필요가 있는지 확인한다.

3. 공연공간의 구석자리를 관찰한다. 무용수의 등퇴장 시 방해가 될 수 있는 의자, 사다리 나 다른 물체가 있는지 확인한다. 만약 옮길 수 없는 물체라면 최대한 공연에 방해되지 않도록 하기 위해 안무를 수정한다.

4. 주요 일정표에 공연공간을 미리 점검하는 날을 표시해 둔다. 이 점검은 블로킹 리허설을 시작하기 전에 진행되어야 한다.

◆ 프로그램 책자

프로그램 책자에는 무용수 이외에도 그 작품에 참여한 제작진의 정보를 담아야 한다. 프로그램 노트를 통해서는 관객의 이해와 감상을 도울 수 있다.

- 작품의 제목
- 보조금과 후원금 출처
- 안무가
- 음악 연주가 및 작곡가
- 음악의 제목
- 음반사
- 제작진(무대감독, 조명감독, 의상디자이너 등)
- 무용수
- 프로그램 노트
- 기타 정보

작품의 제목은 관객들에게는 이정표나 지침이 된다. 안무가는 작품의 본질과 내용을 표현할 수 있는 제목을 선정해야 한다. 관객은 제목을 보고 무대에서 어떤 일이 일어나게 될지 상상하게 된다. 동시에 제목은 어느 정도 궁금증을 자아낼 수 있어야 한다. 이 궁금증을 안고 관객이 공연 내내 자신만의 상상의 나래를 펼칠 수 있어야 한다.

반주음악의 양식, 안무의 양식 혹은 무용수 간의 관계에서 제목을 연관 지어 생각해 볼 수 있다. 제목과 프로그램 노트는 단순히 동작을 묘사하는 것이 아니라 작업할 때 영감을 받았던 소재에서 착안하는 것이 좋다. 비문학적 무용의 제목은 은유나 비유를 사용하는 데 작품 감상의 기준을 제시하는 동시에 관객의 몰입도를 향상시킬 수 있다(Turner, 1971). 이미지, 동작의 특성, 무용 형식 등 안무의 콘셉트를 바탕으로 제목을 짓기도 한다.

프로그램북에 무용수의 이름을 가나다 순으로 나열하거나 등장 순서대로 나열할 수 있다. 주요 무용수는 별도로 구분하여 명시하기도 한다. 제작진에는 무대의상 디자이너, 무대기술 감독, 무대미술 감독 등 작품 제작에 참여한 모든 사람의 이름을 적는다. 무용공연은 어떤 단체나 회사 등의 후원을 받는 경우도 있기 때문에 그에 대한 간략한 내용을 명기해야 한다. 보조금이나 후원금을 받았다면 프로그램 책자에 명기하고, 후원자나 그 재단의 대표와 상의해 이름이 올바르게 명기되었는지 확인한다. 자신이 소속된 무용단이나 단체에 대해서도 간략하게 소개한다.

◆ 기술 익히기: 프로그램 책자 만들기

1. 작품 제목을 정한다. 제3장 마지막의 안무 과제에서 만들었던 작품을 토대로 작업한다. 여러 가지 제목을 생각해 보고 일지에 적어 놓자.
2. 제목을 정했다면 그 이유에 대해 설명하라.
3. 프로그램 책자를 만들 때 필요한 정보를 모아 본다.
4. 프로그램 책자에 들어갈 항목들을 정리한다.
5. 주요 일정표에 프로그램 책자 인쇄 날짜를 표기해 둔다.

제2절 기술적 고려사항

안무가 완성되고 무용수가 동작을 완벽하게 익힌 후에도 아직 많은 마무리 작업이 남아 있다.

- 반주음악 녹음
- 무용의상 디자인과 제작
- 조명 계획
- 무대장치와 소도구 제작
- 소도구 담당자에게 소도구 배치
- 무대효과 고려
- 리허설 일정 조정

◆ 반주음악

무용의 반주음악은 공연현장에서 연주되면 가장 좋다. 하지만 연주자 비용이 만만치 않기 때문에 보통 안무가의 예산을 초과하게 된다. 만약 녹음된 음악을 사용한다면 고음질의 음악을 사용해야 한다. 음향담당은 새로운 테이프나 디스크, 레코드를 사용해야 한다. 오래된 음반은 음질이 튀거나 갈라질 수 있기 때문이다. 마이크를 사용하기보다는 음향기기에 직접 연결하여 재생하도록 한다.

가능하면 최신 디지털 기술을 사용하여 음악 파일을 컴퓨터에 저장한다. 컴퓨터에서 재생했을 때 프로그램 내에 바가 움직이면서 재생되는 상황을 볼 수 있기 때문이다. 따라서 공연 중에 신호를 맞추기도 용이하다. CD에 반주 음악을 녹음할 수도 있다. CD는 고음질인 반면에 신호를 표기할 수는 없다. Sony의 MiniDisk는 음악을 녹음하면서 신호를 표기할 수 있다고 한다. 또한 디지털 오디오테이프는 아날로그 오디오테이프에 비해 고음질이며 시작과 멈추는 지점을 표기할 수 있다.

공연 시 카세트테이프 녹음기로 재생한다면 녹음했을 때의 형식과 재생할 때의 형식이 같은지 확인해야 한다. 그 의미는 둘 다 스테레오이거나 모노의 형식이어야 한다는 것이다. 오픈릴식 테이프 리코더(a reel-to-reel tape recorder)가 아니라면 특정 지점을 찾기가 어렵다. 오픈릴식 테이프 리코더의 경우 테이프가 재생되는 모습을 보면서 원하는 지점을 찾아낼 수 있어 편리하다(그림 4.2 참고).

그림 4.2 오픈릴식 테이프 리코더

마스터 테이프(master tape)를 녹음할 때에는 음악과 음악 사이 옅은 색의 리더(leader)를 붙여 표기함으로써 기술 담당자에게 어디서 정지하고 다시 재생하는지에 대한 이해를 도울 수 있다. 리더에 각 작품의 이름을 써 놓으면 더 좋겠다. 또한 작품별로 다른 카세트 테이프에 녹음하는 방법도 있을 수 있다. 만일에 대비하여 여분의 컴퓨터나 CD 플레이어, 테이프 리코더 등을 준비해 놓자.

음향 담당은 동작의 순서를 이해하기 위해 리허설 시간에 일찍 도착하여 음향 신호와 반주음악 교체 등에 대해 메모를 해 두는 것이 좋다. 음향 신호는 볼륨을 점점 크게 하거나 점점 작게 줄일 수 있고, 혹은 음악을 아예 켜놓거나 끄는 등으로 사용할 수 있다.

스피커를 다시 한 번 확인한다. 만약 음향이 좋지 않다면 다른 것으로 교체하자. 모노 사운드보다는 스테레오를 사용하도록 하고, 공연장 내 이곳저곳을 돌아다니며 음향을 체크한다. 무용수들이 좀 더 잘 들을 수 있도록 휴대용 스피커를 무대 위 양옆에 비치하는 경우도 있다. 하지만 무대 위 스피커 소리가 관객들에게까지 들려서는 안 된다. 또한 무대 위에서 마이크를 사용하면 무용수의 목소리나 발자국 소리를 증폭시킬 수 있다.

◆ 기술 익히기: 반주음악 준비하기

1. 선택한 음악을 주의 깊게 들어 보자. 잡음이 있는지 확인한다.

2. 잡음이 없는 음악을 구한다.

3. 좋은 장비를 사용해 음악을 녹음한다. 음향 담당자의 도움이 필요할 수도 있다.

4. 녹음된 반주음악을 들어 보고 수정이 필요하면 다시 녹음한다.

5. 드레스 리허설 전에 마스터 본을 테스트해 본다. 마스터 본이 테이프인 경우 간혹 음질과 속도가 다를 수 있다. 이 부분은 무용수들이 음악을 듣고 템포에 변화를 주어야 할 수도 있기 때문에 매우 중요하다.

6. 주요 일정표에 녹음 날짜를 표기한다.

그림 4.3 레오타드와 타이츠를 입고 가발과 레그 워머를 착용해 단순하면서도 재미있는 의상을 연출했다.

◆ 무용의상

　적절한 의상은 안무를 보완할 수 있다. 무용의상은 움직임을 향상시킬 수 있어야 하므로 보통 간단한 디자인을 선호하게 된다. 만약 관객들이 무용 자체보다 의상에 눈길을 더 쏟는다면 그 의상은 실패한 것이다. 동작 스케치가 끝났거나 안무에 대한 기본적인 개요가 나왔을 때부터 무용의상의 디자인을 시작하는 것이 좋다.

　무용의상 역시 안무의 영감을 받는 것과 같은 개념이다. 의상 디자인을 고려할 때 작품의 감정, 의도, 양식을 다시 한 번 살펴볼 필요가 있다. 그 후 디자인을 시작하는데, 의상은 작품의 분위기를 조성하는 데 도움이 되어야 한다. 그림 4.3을 보면 의상이 명랑하고 재미있는 분위기를 연출하는 반면에 그림 4.4는 진지한 분위기를 연출한다. 그림 4.5는 어떠한 역사적 시대의 분위기를 연출하고 있다.

그림 4.4 유니타드를 입어 좀 더 진지한 분위기의 의상을 연출했다.

그림 4.5 미국 역사의 시대적 배경을 바탕으로 한 의상. Doris Humphrey의 작품 <The Shakers>

무용의상을 제작할 때에는 다음과 같은 사항들을 고려해야 한다.

- 색깔
- 옷감의 재질과 무게
- 스타일과 장식

* 색깔

의상의 색깔은 작품의 감정을 설정하는 데 중요한 역할을 한다. 빨간색, 노란색, 갈색, 주황색, 분홍색은 따뜻함을 나타내고 초록색, 파란색, 회색, 보라색, 검은색은 차가움을 나타낸다. 또한 무용수의 체격과 키를 고려하여 무용수의 신체적 조건을 보완할 수 있는 색깔을 선택한다. 예를 들어 어두운 색을 입었을 때 날씬해 보이는 효과가 있다. 따라서 체격이 마른 무용수는 옅은 색이나 밝은 색의 의상을 입도록 한다. 또한 세로 줄무늬는 날씬해 보이는 효과를 준다(그림 4.6 참고). 참고로 하얀색 의상은 조명의 빛을 반사하는 경향이 있다. 따라서 하얀색 중 오프-화이트 색깔의 의상을 사용하는 것이 좋다.

때때로 안무가나 의상 디자이너는 하얀 천을 염색하여 사용하기도 한다. 염색으로 옅은 색조의 의상을 성공적으로 만들 수 있다. 만약 진한 색조의 의상을 원한다면 구매하는 편이 낫다. 또한 염색으로 대칭적인 무늬를 기대하기는 어렵다.

그림 4.6 세로 줄무늬는 날씬해 보이는 효과를 준다.

그림 4.7 (a) 무용수들이 모두 같은 색깔의 의상을 입음으로써 그룹에 통일성을 부여했다.

그림 4.7 (b) 무용수들이 각각 다른 의상을 입음으로써 개별적으로 시선을 끈다.

그림 4.7 (c) 무대 앞쪽 무용수만 다른 색깔의 의상을 입음으로써 관객들을 주목하게 한다.

질감과 소재의 종류에 따라 염색약을 받아들이는 정도가 다르다. 일반적으로 합성소재보다 유기섬유가 염색이 잘되는 것으로 알려져 있다. 의상 전체를 염색하기 전에 천 조각으로 미리 테스트 염색을 해 보는 것이 좋겠다. 참고로 염색된 섬유를 다시 표백하는 것은 어렵다.

안무가는 의상을 통해 그룹의 효과를 향상시킬 수 있다. 무용수들이 같은 색깔의 의상을 입는 것은 통일성을 부여하지만 같은 색깔에 색조를 다르게 하여 흥미로운 효과를 얻을 수도 있다(그림 4.7 a 참고). 이로써 통일성을 유지하되 더 깊이 있고 흥미로운 연출이 가능하다. 반면 다른 색깔과 다른 스타일의 의상을 입었을 때 조화가 무너지게 된다(그림 4.7 b 참고). 또한 솔로 무용수는 그룹 무용수와 대조되는 색깔과 스타일의 의상을 입는 것이 좋다(그림 4.7 c 참고). 또한 크고 선명한 프린트나, 체크무늬, 줄무늬 등이 새겨진 의상은 관객의 몰입도를 저하시킬 수 있기 때문에 지양한다.

* 옷감의 재질과 무게

천 가게에서 옷감을 골라 보자. 마음에 드는 색상을 선택한 후 옷감의 재질이 어떤지 느껴본다. 뻣뻣한 옷감은 몸에 달라붙지 않기 때문에 무용수의 동작을 전달하는 데 방해를 받을 수 있다. 대신에 무용수의 동작을 잘 살려줄 수 있는 소재를 선택하자. 가능하면 시험 삼아 천을 무용수의 몸에 직접 둘러보고 그 무용수가 어떻게 움직이는지 살펴보자. 천의 무게도 고려해 보아야 한다. 나일론(nylon)이나 시폰(chiffon) 같은 가벼운 천은 무용수가 움직일 때 떠다니는 효과를 줄 수 있는 반면에 저지(jersey) 같은 무게감 있는 소재는 들러붙기가 쉽다.

긴 스커트 등의 천 소재를 이용하면 네거티브 공간을 채울 수도 있다. 또한 옷감에 따라서 어울리는 특정한 이미지가 있기도 하다. 예를 들어 거친 재질의 옷감은 하위 계급의 캐릭터를 연기하는 무용수에게 잘 어울리며, 부드러운 재질의 옷감은 귀족의 캐릭터를 연기하는 무용수에게 적합하다. 반짝거리는재질의 옷감은 빛을 반사하기 때문에 적당히 사용하도록 한다.

그림 4.8 (a) 디테일이 많은 의상은 동작을 방해한다. (b) 가로 줄무늬는 무용수를 짧고 아담하게 보이게 한다. (c) 특이한 스타일의 레오타드는 다른 작품에 활용하기 어렵다.

무용의상은 움직임을 확장하고 변형하는 데 도움을 주기도 한다. 길고 흘러내리는 재질의 스커트는 다리 동작의 효과를 높여준다. 안무가는 즉흥 안무 시 이런 스커트를 착용하도록 하여 동작을 발견할 수 있다. 망토나 긴 소매, 신축성이 좋은 천은 동작의 가능성을 열어 주며 안무의 한 부분이 될 수 있다.

* 스타일과 장식

의상의 스타일도 고민해야 한다. 그림 4.8 (a)~(c)는 미숙한 의상 디자인의 예이다. (a)와 같이 디테일이 많은 의상은 무용수의 동작에 방해가 된다. (b)의 의상에서 가로 줄무늬는 무용수를 길고 날씬하게 보이기보다 짧고 아담하게 보이게 한다. (c)와 같은 특이한 레오타드는 다른 작품에 활용하기 어려운 의상이다.

유니타드 역시 인기 있는 의상이다. 원피스로 만들어진 이 의상은 몸 전체를 가린다. 여기에 추가로 장식을 넣을 수 있다. 또한 민소매나 다양한 네크라인으로 디자인된 유니타드가 있다. 유니타드는 신축성 좋은 소재로 만들어져 몸에 밀착되기 때문에 어떤 무용수에게는 잘 어울리지 않을 수도 있다. 유니타드는 타이즈와 레오타드를 합한 것인데 다용도로 활용되지는 못한다(그림 4.9 참고).

안무가는 유니타드와 레오타드에 여러 장식을 추가할 수 있지만 작품의 콘셉트에 맞아야 한다. 장식으로는 보통 칼라(collar), 목걸이(necklaces), 밴드(band), 벨트(belt), 소매(sleeve) 등을 활용할 수 있으며 요즘에는 다리미질만으로 의상에 부착할 수 있다. 또한 고리(hook), 스냅(snap), 벨크로(velcro) 등을 이용해 장식을 부착할 수 있다. 하지만 벨크로의 소리가 관중에게 들려서는 안 되니 이 점에 유의하자.

평범한 유니타드와 레오타드 위에 치마, 바지 등 여러 가지 의상을 걸쳐 입는 방법으로 의상을 다양화할 수 있다. 또한 염색을 하거나 색칠을 하여 꾸밀 수도 있다. 염색 시에는 튀기기(spattered), 분무하기(sprayed), 털기(dusted) 등의 효과를 통해 추상적인 디자인을 만들 수 있다. 또한 바틱(batik) 나염법을 통해 새로운 디자인을 만

그림 4.9 이 무용수들은 유니타드를 입고 있다.

들 수 있다. 염색하기 전에 특정한 무늬로 왁스를 천에 발라 놓으면 그 부위만 피해서 염색이 되기 때문에 특별한 무늬를 만들 수 있다. 하지만 색칠을 통해 좀 더 정교한 이미지를 만들 수도 있다. 아크릴이나 라텍스 물감은 천에 흡수되면서 오랫동안 잘 남아있는 편이다.

◆ 관찰하고 반응하기

* 연습

1. 유명한 무용단 공연을 영상으로 보고, 안무가가 의상을 통해 작품의 양식이나 분위기를 돋보이게 한 부분을 찾아본다.

2. 안무가가 의상의 색깔, 소재, 스타일, 장식을 어떻게 사용했는지 자세히 설명한다. 그리고 각 의상이 안무의 구조, 메시지, 분위기 등을 어떻게 보완하는지 살펴본다. 방해되거나 어울리지 않는 의상이 있었다면 찾아보고 설명하라.

3. 같은 안무가의 두 번째 영상을 보고 1번 영상과 비교했을 때 무용의상이 어떻게 비슷한지 또 어떻게 다른지 얘기해 보자. 왜 두 작품의 의상이 다를 수밖에 없는 것인지 생각해 보자.

4. 관찰 후 자신의 생각을 일지에 적는다. 영상을 본 것이 자신의 안무에 어떤 도움이 되었는가?

◆ 기술 익히기: 무용의상 고안하기

1. 자신이 안무한 작품의 양식과 분위기를 살펴본다. 분위기를 보완할 수 있는 색깔이 무엇인지 상상해 본다.

2. 천 가게를 둘러본다. 적절한 색깔의 천 소재를 찾으면 만져보고 움직여 보면서 천의 특성을 관찰한다.

3. 적절한 색깔과 특성의 천 조각을 구매한다. 천 조각은 무용수의 온 몸을 덮을

수 있을 만큼 커야 한다. 무용수 몸에 둘러보게 하고 어떻게 움직이는 지켜본다.

4. 자신의 안무에 알맞은 의상을 여러 가지로 생각해 보고 그 의상을 스케치해 본다. 이때 천의 재단 상태와 흐름에 유의한다. 펠트펜으로 그림을 색칠하고 그 위에 장식을 그려 본다.

5. 위에서 고안한 의상 디자인 중 하나를 고른다. 왜 그것을 골랐는지 설명한다. 기타 의상에 관한 아이디어는 일지에 기록해 둔다.

6. 주요 일정표에 의상 디자인과 제작일을 표기해 놓는다.

◆ 무대조명

조명을 연출할 때에는 무대 공간과 조명의 방향, 두 가지를 생각해야 한다. 또한 조명의 강도(밝기), 분포, 움직임, 색깔을 이해해야 한다. 조명의 강도는 조명기구와 무대의 길이를 조절하거나, 조명기구에 어떤 필터를 썼는지에 따라 달라진다. 분포도는 조명의 방향과 조명이 무대에 어떻게 퍼지는지에 의해 결정된다. 색깔은 컬러 젤을 조명기구에 부착하여 만들어 낸다. 조명은 무대의 공간과 분위기를 연출하고, 무용수들의 동작을 효과적으로 보이게 하여 관객들이 몰입할 수 있도록 도와준다 (Yeatman, 2003). 조명은 작품 전체의 구성을 향상시키기도 한다. 제2장에서 컴퓨터 기술을 이용한 이미지로 무대연출을 하는 방법을 배워 보았다. 이때 조명감독은 조명의 위치를 꼼꼼히 살펴보아야 한다. 무대장치를 더 잘 보이게 하기 위해 무대 위 조명을 부분적으로 비추어야 할 때도 있기 때문이다. 또한 조명의 색깔은 특수 효과나 배경 이미지를 보완하기 위해 쓰일 수도 있다.

그림 4.10 조명기구. C-바이스는 기구의 가장 윗부분에 있으며, 파이프가 연결되어 있다. 젤 프레임은 기구의 앞부분에 있다.

* 조명기구

조명기구 중 가장 흔하게 쓰이는 것은 스포트라이트(spotlight), 스트립라이트(striplight) 그리고 플러드라이트(floodlight)가 있다. 스포트라이트에는 크게 프레넬(Fresnel)과 엘립소이달(ellipsoidal), 두 가지가 있다. 프레넬은 하우징(housing)이 짧고 중앙이 매우 밝고 테두리는 부드럽다. 반면에 엘립소이달은 하우징과 광선의 길이가 길며, 빔의 테두리가 선명하거나 부드럽다. PAR64 역시 자주 사용되는 조명기구로 프레넬과 비슷한 느낌의 빛을 만든다. PAR(parabolic aluminized reflector)은 타원형의 빛으로 사이드 조명으로 적합하다. 그림 4.10은 조명기구의 일반적인 모습이다.

스트립라이트는 여러 개의 램프로 구성되어 있는데, 구조는 직사각형이다. 작은 칸막이로 나누어져 있으며, 4개의 회로로 같은 미디어나 색깔로 구분되어 있다. 주로 배경막이나 작은 무대의 전체 조명으로 쓰인다.

플러드라이트는 렌즈가 없고 하우징 내 램프 하나와 넓은 입구로 구성되어 있다. 대체로 전체 조명으로 쓰인다. 렌즈가 없기 때문에 다루기가 어렵고, 넓은 무대에 한 가지 색깔로 조명을 비출 때 적합하다.

* 배치

어떤 조명기구는 램프 베이스(lamp base)를 위를 향하게 하여 조명을 비추어야 하는 반면에 또 다른 조명기구는 아래를 향하게 하여 비추어야 하는 등 기구마다 사용 방법이 다르므로 사용하기 전에 꼭 확인하는 것이 필요하다.

조명감독은 여러 가지 빛의 모양을 이용하여 무대를 연출해야 한다. 조명이 비치지 않는 곳에서는 무용수가 보이지 않기 때문에 중요한 구역에 빛을 비추는 것이 무엇보다 중요하다. Stanley McCandless는 최초로 관객에게 무용수가 자연스럽게 3차원적으로 보이도록 하는 조명을 연출하였다. 이러한 효과를 끌어내기 위해 2.4~3미터 지름의 조명 6개를 사용했다고 한다(Yeatman, 2003). 보통 6미터 너비의 작은 무대를 연출할 때에는 6개의 조명이 적합하며, 무용수가 잘 보이는 빛의 각도는 45도이다. 6개의 조명은 0.6미터 간격으로 겹쳐야 하며, 더 많이 겹치면 겹칠수록 좋다. 다크 스팟(dark spot: 무대 위에서 조명이 비치지 않는 곳)이 없는지 다시 한 번 확인한다.

6개의 조명 중 2개의 스포트라이트가 무대의 왼쪽과 오른쪽을 비추게 된다. Ellfeldt and Carnes는 [구역 1]은 1번과 4번 조명에서, [구역 2]는 2번과 5번 조명에서, [구역 3]은 3번과 6번에서 조명에서 각각 빛을 발생한다(그림 4.11 참고). 관객 위의 발코니 레일에 설치된 조명은 무대 앞쪽[구역 1, 2, 3]을 비추고, 파이프(pipe)나 에이프런(apron)에 설치된 조명은 무대 뒤쪽[구역 4, 5, 6]을 비춘다(Ellfeldt and Carnes, 1971).

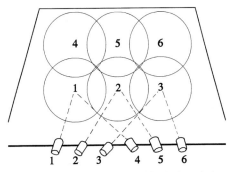

그림 4.11 6개의 조명 구역을 사용한 기본 배치도. 두 개의 조명이 한 구역을 비추고 있다.

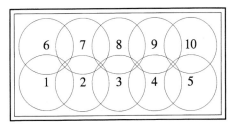

그림 4.12 큰 무대에서는 더 많은 조명 구역이 필요하다.

큰 무대에서는 조명 구역을 겹치게 하기 위하여 더 많은 조명이 필요하며, 무대의 크기와 사용할 수 있는 조명 개수에 따라 조명 구역의 개수가 달라진다(그림 4.12 참고). 이러한 경우 보통 하나의 구역에 두 개의 조명이 겹치도록 만들 수 있으며, 중요한 것은 겹치는 구역이 많을수록 무대 전체에 균일한 조명 효과를 낼 수 있다. 하지만 이러한 조명은 무용수와 무대 뒤쪽이 잘 보이지 않는다. 무대조명을 연출할 때에는 반드시 모든 안전 규정을 따르도록 한다.

모든 조명을 비춘 후 무대 전체를 천천히 걸어 보면서 다크 스팟이 없는지 다시 한 번 확인한다. 다크 스팟이 있을 경우 조명을 조절한다. 정면 조명(front lighting)은 얼굴과 몸을 평평하게 보이게 하는 효과가 있어 측면 조명(side lighting)이 반드시 필요하다. 측면 조명은 무대의 깊이와 전체적인 그림을 형성하는 데 도움을 주기 때문

그림 4.13 측면 조명과 무용수의 형체

이다. 관객이 무용수의 모든 동작을 볼 수 있어야 한다. 또한 무용수의 팔과 다리 등 신체의 동작을 강조할 수 있도록 조명을 연출해야 한다.

측면 조명은 무대의 양쪽 옆에 설치된 라이트 트리(light tree)를 사용한다. 커튼(레그)으로 측면 조명을 가려 관객에게 보이지 않게 한다. 사용 가능한 조명의 개수와 종류에 따라 측면 조명의 연출을 알맞게 하도록 한다. 낮은 지점에서 조명을 비추면 무용수가 위로 올라간 효과를 주고, 중간 지점에서 조명을 비추면 무용수의 형체를 뚜렷하게 하며, 높은 지점에서 조명을 비추면 그림자를 만들어 좀 더 입체적인 효과를 줄 수 있다(그림 4.13 참고).

정면과 측면의 조명을 동시에 사용하는 것이 불가능할 경우에는 기본 조명 계획도를 참고하도록 한다. 우선 무대 전체를 비출 수 있도록 조명을 설치한 후, 남은 조명을 사용해 형태와 색깔의 효과를 더할 수 있도록 연출한다.

＊ 배경

공연에서 사이클로라마를 활용한 배경을 연출하는 경우가 많다. 사이클로라마는 무대 뒤 파이프에 설치하며, 보통 양옆이 앞으로 굽어 있어 무대 뒤편 구석이 잘 보이지 않는다. 조명기구가 사이클로라마의 전체를 비출 수 있도록 연출한다. 스트립라이트는 사이클로라마의 앞이나 위에 설치하면 빛이 위에서 발생하는 느낌의 효과를 줄 수 있으며, 무대 위에 추가로 스트립라이트를 설치하면 빛이 아래에서 발생하는 느낌의 효과가 있다. 무대 뒤쪽에 조명을 설치하는 경우 사이클로라마 아래쪽이 어두워지게 되어 관객이 무용수의 발을 보기가 어렵다. 따라서 가능하면 스트립라이트를 사이클로라마 위쪽을 비추게 하는 것을 권한다. 필요한 경우 플러드라이트를 사용해 사이클로라마 전체에 색깔을 입혀 줄 수 있다.

때로는 어두운 커튼이 배경막으로 사용되기도 하는데, 이때 관객은 무용수가 움직일 때마다 빛의 흔적이 남는 듯한 잔상의 효과를 경험할 수 있다. 무용수가 밝은 색깔의 의상을 입었을 때 더 두드러진다. 이러한 효과를 무대연출에 활용할 수 있다.

* 컬러 젤

컬러 젤을 사용하여 조명에 색깔을 입힐 수 있다. 젤은 보통 투명하고 비인화성의 폴리에스테르를 사용하여 만든다. 셀로판지는 열에 약하기 때문에 절대 사용하지 않는다. 컬러 젤은 조명기구 입구에 설치한다(그림 4.10 참고). 컬러 젤을 설치하면 램프의 빛은 젤의 색깔만 제외하고 다른 모든 색깔은 흡수하는 원리로 다양한 스펙트럼의 색깔을 나타낼 수 있다. 예를 들어 빨간 젤의 경우 빨간 빛만 통과할 수 있게 되는데, 이것이 감법조명(subtractive lighting)의 예이다.

일반적으로 빨간색, 초록색, 파란색과 같은 원색은 너무 강하고 빛을 많이 흡수하기 때문에 잘 사용하지 않는다. Lippincott(1956)는 호박색, 밀짚색, 서프라이즈 핑크, 노컬러 블루, 문라이트 블루, 라벤더, 빨강, 초록, 꽃분홍, 미드나잇블루, 프로스트 등의 색깔을 추천한다. 2차색은 원색을 이용하여 가산 혼합(additive mixing)을 통해 발생되는 색깔이다. 예를 들어 빨간색 젤을 이용한 색깔 조명과 초록색 젤을 이용한 색깔 조명을 같은 구역에 비추면서 황색의 2차색을 만들 수 있다.

조명의 색깔은 분위기를 조성하며 전체적으로 안무를 향상시킨다. 빨강, 분홍, 호박색은 따뜻한 색깔이고 파랑, 초록, 보라색은 시원한 색깔이다. 따뜻한 색깔과 시원한 색깔이 혼합될 경우 분위기를 한껏 고조시킬 수 있다. 어떤 색깔을 사용해야 할지 확신이 없을 때에는 한 구역을 비추는 양 측면 조명의 색깔을 다르게 사용하면 무용수의 신체를 잘 보이게 한다는 점을 기억하길 바란다(Reid, 1993). 조명기구가 부족할 경우에는 원색 조명을 비춘 후 다른 색깔을 스며들게 한다. 의도하지 않은 이상 하나의 색깔만 사용하지 않는다. 45도 각도가 아닌 직각 조명의 경우 따뜻한 색깔과 시원한 색깔을 혼합하여 사용하는 것이 좋다. 이러한 색깔 조명이 사이클로라마에 사용하여 효과적인 조명 연출을 할 수 있다.

이렇게 혼합된 색깔은 무용의상에 테스트해야 한다. 파란색 조명으로 인해 빨간색 의상의 색깔이 바뀔 수 있고, 붉은 빛의 화장을 검게 보이게 할 수 있기 때문이다. 따라서 무용의상의 색깔을 제한하는 것이 좋다. 테크니컬 리허설 시 무용수들이 의상을 입은 상태에서 조명 밑에서 시험해 본다. 초록색 조명에 초록색 의상은 잘 어울리지 않는다. 초록색 조명은 공상적이면서도 색다른 분위기를 연출한다. 또한 분홍색과 호박색의 조명은 얼굴을 평평하게 보이게 하는 효과가 있으며 초록색 의상과는 어울리지 않는다.

* 특수 효과

조명을 사용한 특수 효과는 강조하고 싶은 구역에 효과적으로 특정한 무용수를 두드러지게 할 수 있다. 기본 조명에 추가로 조광기(dimmer) 또는 전원(electrical source)을 설치하여 효과를 낼 수 있다. 예를 들어 조명을 무용수의 바로 위에 설치하여 드라마틱한 효과를 낼 수 있다(그림 4.14 참고). 이런 특수 조명의 구역을 핫 스팟(hot spot)이라고 부르는데 이 구역에 위치한 무용수는 무대에서 가장 두드러지고 강조된다.

다른 효과로는 고보(gobo)를 이용할 수 있다. 고보는 사이클로라마나 무대 위에 비춰지는 조명의 입구(gate)에 패턴을 설치하여 빛에 무늬를 만든다. 이러한 효과는 무용수의 움직임이 크게 보일 수 있도록 해 준다. 고보는 엘립소이달 스포트라이트에

그림 4.14 오버헤드 조명(overhead lighting)은 드라마틱한 효과를 낼 수 있다.

만 사용된다. 고보는 주로 하늘의 별, 도시, 숲 등을 표현할 때 쓰이며 조명 가게에서 쉽게 구매가 가능하다. 또한 직접 비인화성 소재에 패턴을 잘라서 만들 수도 있다.

백라이팅(back lighting), 캐스트 섀도우(cast shadow) 등의 특수 효과로 안무를 향상시킬 수 있다. 백라이팅은 무용수의 바로 뒤에 설치하여 실루엣을 연출할 수 있으며, 캐스트 섀도우는 조명을 무대 앞에 설치하여 그림자를 만드는 것이다.

팔로우스팟(followspot), 블랙 라이트(black light), 스트로브(strobe) 등을 이용한 특수 효과도 있다. 팔로우스팟은 관객 뒤에 설치되어 있는 조명으로 움직이는 피사체를 비추어 주는 조명기구이다. 블랙 라이트는 UV 라이트라고도 불리는데, UV 페인트로 장식한 무용의상만 블랙라이트 밑에서 발광하게 된다. 이 효과는 UV 페인트 장식 이외의 다른 모든 것들은 검은색일 때 원하는 효과를 얻을 수 있다. 또한 형광노랑, 형광초록, 형광주황의 색깔과 하얀색 의상은 블랙 라이트에서 발광하므로 참고하자. 스트로브 조명은 순간적 단파장의 빛을 내어 연속 동작을 불연속 동작으로 보이게 하는 효과가 있다. 하지만 스트로브 조명은 간질성 발작(epileptic seizure)을 유발할 수 있으니 만약 사용한다면 무용수, 공연스텝, 관객에게 미리 안내를 할 필요가 있다(Reid, 1993).

제2장의 포스트모던댄스의 안무기법에서 언급했듯이 프로젝트 슬라이드, 영상, 컴퓨터를 이용한 이미지를 무대연출에 활용할 수 있다. 무대 위 사이클로라마에 이미지를 투영할 때에는 무용수들이 이미지를 가로 질러 연기하지 않도록 하기 위해, 무용수의 머리 위 혹은 무용수의 뒤에서 이미지를 투영하여야 한다. 의상은 옅은 색깔의 단순한 의상을 착용하여 이미지가 잘 보이도록 한다.

조명감독은 이러한 특수 효과를 기획할 때 필요한 조명 개수에 대해 고민해 보아야 한다. 만약 조명기구가 충분하게 보유되어 있지 않은 상황이라면, 고보 사용이나 컬러 젤 변경 등을 통한 추가적인 방법을 고려해 보아야 한다. 필요 시 무용수를 재배치해야 할 수도 있다.

✴ 조명 계획도

안무가는 기본 조명 계획도를 만들어 조명감독의 이해를 도울 수 있다. 조명 계획도에는 각 동작에 대한 묘사, 각 장면의 분위기 등을 설명해 주어야 한다. 조명 계획도에 기입할 수 있는 항목들은 다음과 같다(부록 3. 조명 디자인 계획안 참고).

- 안무의 무대구도
- 무대장치의 위치
- 의상 색깔
- 조명 색깔 제안
- 특수 효과(특히 동작과 관련된)

조명감독은 위의 정보를 바탕으로 최종 조명 계획도를 완성한다. 최종 조명 계획도는 다음에 제시한 달기도면(hanging plot)에 대한 정보를 포함한다(Ellfeldt and Carnes, 1971).

- 조명의 위치
- 조명의 종류
- 조명의 색깔
- 조명의 개수

달기도면은 극장 리허설을 시작하기 전에 완성해야 하며, 조명감독이 알아보기 쉽게 써놓는 것이 좋다. 조명은 공연의 한 부분으로서 안무를 전체적으로 돋보이게 해야 하며 안무에 방해가 되어서는 안 된다. 계획되지 않은 조명의 변화는 무용수뿐만 아니라 관객까지 당황하게 할 수 있다. 관객이 무용보다 조명에 더 주목하게 되는 것 또한 옳지 않다. 조명감독의 역할은 무용과 조명을 적절하게 조화시키는 것이며, 무용공연에서 조명의 역할은 매우 중요하다.

◆ 관찰하고 반응하기

* 연습

1. 앞의 장에서 감상했던 안무 영상을 다시 보되 이번에는 조명에 집중한다. 안무를 돋보이게 하기 위해서 조명이 어떻게 사용되었는가? 조명 구역, 배경, 색깔, 특수 효과를 살펴보자.

2. 이 안무에서 조명에 대해 제안하고 싶은 것이 있는가? 조명 구역, 배경, 색깔, 특수 효과를 어떻게 사용할 것인지 자세히 설명해 보자.

3. 두 번째 안무 영상을 보고, 첫 번째 영상과 조명 측면에서 비교해 본다.

4. 관찰한 내용을 일지에 기록한다.

◆ 기술 익히기: 무대조명

1. 여러 가지 색깔 조명 아래 의상 소재를 비춰 본다. 어떠한 색깔의 조명과 가장 잘 어울리는가?

2. 두 개의 조명을 이용해 여러 가지 색깔을 섞어 보자. 어떠한 색깔 조합이 가장 잘 어울리는가?

3. 특정 패턴(눈송이, 구름 등)으로 종이 혹은 마분지를 잘라 조명 앞에 대어 보고 어떠한 효과가 있는지 살펴본다.

4. 벽에 슬라이드 이미지를 투사한다(풍경이나 추상적 그림이 좋다). 여러 피사체를 이미지 앞에서 움직이게 한다. 투사된 이미지가 안무에 어떠한 효과를 주는가?

5. 부록 3의 조명 디자인 계획안을 작성한다.

6. 완성된 조명 디자인 계획안으로 기본 조명 계획도를 만든다. 플로어패턴, 소도구나 배경장치의 위치를 기입한다. 조명구역의 위치와 각 조명 구역에 쓰일 컬러 젤, 특수장치의 위치를 기입한다.

7. 조명과 관련하여 관찰한 모든 것을 기록한다.

8. 주요 일정표에 조명 계획도의 완성 날짜와 달기도면의 완성 날짜를 기록한다.

* 무대장치와 소도구

무대장치와 소도구의 디자인은 공연일자보다 수개월 전에 시작해야 한다. 무대 장치는 배튼(batten)에 잘 부착될 수 있도록 해야 한다. 주로 무대 뒤편에 설치하여 배경으로 사용하기도 하지만 공연공간을 분리하기 위한 경계선으로 사용되기도 한다. 어떤 안무가는 무대장치로 큰 조각상을 사용했는데, 무용수가 조각상 주위에 서 동작을 하거나 자세를 취하도록 하였다. 한편 소도구의 사용은 안무에 의미를 부여할 수 있어야 한다. 소도구는 안무와 관련된 이야기를 더할 때 사용하기도 하고, 동작의 한 부분으로 사용될 수도 있다.

◆ 관찰하고 반응하기

* 연습

1. 무대장치와 소도구를 사용한 안무 영상을 관찰하고 안무가가 어떻게 사용했 는지 설명해 보자. 안무의 효과나 의미를 더하기 위해 사용되었다고 보이는가?

2. 무대장치와 소도구가 다른 느낌으로 사용된 안무 영상을 여러 개 찾아보자. 이 때 사용된 무대장치와 소도구는 각각의 작품에 어떠한 영향을 주었는지 비교 해 보자.

◆ 기술 익히기: 무대장치와 소도구

1. 무용창작 과정에서 사용할 수 있는 소도구 중 하나를 골라본다(제1장의 '영감 과 동기부여'에서 제시한 소도구의 예 참고). 소도구를 가지고 여러 가지 방법 으로 실험해 보고, 소도구를 활용한 동작을 만들어 본다.

2. 무대장치로서 공연공간의 한 부분 혹은 전체를 채울 수 있는 큰 사물을 하나 고른다. 벤치나 상자가 될 수 있겠다. 무대장치 위에 서 보거나 앉아 보고 움직이기 시작해 본다. 무대장치를 이용한 몇 가지 동작 프레이즈를 만들어 본다.

3. 이미 전체 안무가 완성되었다면, 무대장치를 어떻게 이용할 수 있을지 상상해 본다. 소도구의 사용이 전체 안무에 도움이 될 것인지 생각해 보자.

4. 소도구와 무대장치에 관한 모든 것을 일지에 기록한다.

5. 소도구와 무대장치의 연출이 완성되면 주요 일정표에 표시한다.

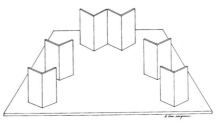

그림 4.15 체육관 같은 곳에서는 플랫을 설치하여 무대를 만들 수 있다.

제3절 비공식적 공연

때때로 학교나 지역사회기관에서 공연할 때, 체육관이나 큰 강당을 무대로 만들어 공연해야 하는 상황이 있다. 이러한 상황에서 이루어지는 공연을 비공식적 공연이라고 칭한다. 이때 우선 조명기구를 설치할 수 있는 배선 시스템이 확보되어 있는지 확인한다. 보통 220볼트 콘센트가 필요하며 과부하를 막기 위해 두꺼비집에 직접 연결할 수도 있다.

◆ 무대 만들기

플랫(flats)을 사용해 공연 공간을 만들 수 있다(그림 4.15 참고). 나무로 된 플랫에 모슬린(muslin) 천을 씌워 공간을 만든다

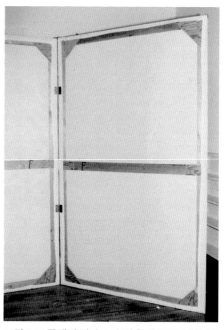

그림 4.16 플랫의 뒷면. 모슬린 천의 모서리 부분을 접어 스테이플러로 고정시킨 모습이다.

(그림 4.16 참고). 하나의 플랫 전체를 가릴 수 있을 만큼의 모슬린 천을 겹친 후 이중으로 박음질한다. 스테이플러로 플랫에 고정시킨다. 플랫은 이동하면서 사용하기 때문에 가벼운 것이 좋다. 일반적으로 나무결 목판(wood cut)을 사용한다. 플랫은 모슬린 천을 씌울 때 휘어지지 않을 만큼 단단해야 한다. 또한 플랫은 무용수들이 뒤에서 대기할 수 있을 만큼 크고 넓어야 한다. 하나의 플랫은 보통 1.5m 너비와 2m 높이를 권장한다.

그림 4.17 두 개의 플랫에 경첩을 부착하여 연결시킨 부분을 좀 더 상세하게 볼 수 있다.

모슬린 천을 씌운 후에 색깔을 칠할 수 있다. 수용성이어야 하고 잘 퍼지는 성질의 물감이 좋다. 밝은 색깔을 추천한다. 보통 베이지 색깔을 많이 쓰는데, 흰색은 자칫하면 삭막해 보일 수 있기 때문이다. 베이지는 따뜻한 색의 계열로 어떠한 조명과 의상에도 잘 어울린다.

플랫은 설치가 쉽도록 받침대 없이도 서 있을 수 있어야 한다. 각 플랫에 경첩(hinge)을 부착하여 연결시키는 것이 좋다(그림 4.17 참고). 이때 180도 이하의 각도로 세우면 받침대 없이도 서 있을 수 있다. 이와 같은 플랫은 무대 어디에서나 쓸 수 있고, 플랫을 이용하여 무대 앞, 뒤, 양옆을 표시할 수 있다.

◆ 시연회 개최

시연회(lecture-demonstration)는 보통 비공식적 공연의 첫 번째 행사로 공식적 공연에서 가끔 개최하기도 한다. 시연회는 무용수의 동작이나 안무의 아이디어, 콘셉트 등을 설명하는 일종의 강의이다. 따라서 시연회는 무용과 친숙하지 않은 관객에게 도움을 줄 수 있다.

◆ 관찰하고 반응하기

* 연습

1. 비공식적 공연 또는 시연회에 참석하여 조명과 의상 및 음악의 사용, 플랫과 마스킹의 위치 등을 관찰하고 메모한다.
2. 공연에서 위의 요소들이 잘 표현되었다고 생각하는가? 예를 들어 조명과 마스킹의 사용이 적절했는가? 무용수의 등퇴장이 적절했는가? 음악과 의상이 안무의 전체적인 효과에 도움을 주었는가?
3. 공연에서 어떤 요소를 바꾸어야 할지 생각해 보고, 그에 대한 내용을 일지에 기록하라.

◆ 기술 익히기: 비공식적 공연 개최

1. 비공식적 공연을 개최할 수 있는 공간을 선택한다. 기둥이 없어야 하고, 안무를 실행할 수 있을 만큼의 큰 공간이어야 한다.
2. 무대 도면에 플랫, 조명, 음향기기를 설치할 곳을 표시한다. 조명기구를 콘센트에 연결할 수 있을 만큼의 선이 준비되어 있는지 확인한다. 도면에 의상을 교체할 수 있는 대기실 장소나 등퇴장 위치를 표시한다.
3. 공연까지의 일정을 계획한다. 오디션, 의상 및 음악 완성, 무대설치, 블로킹 리허설, 테크니컬 리허설, 드레스 리허설 일정을 표기한다.
4. 관객에게 설명하고 싶은 주제나 아이디어를 골라 시연회를 기획한다. 자신이 말하고자 하는 것에 대해 생각해 보고 동작의 예를 고른 후 설명하고자 하는 부분을 생각한다. 시연회에 관한 모든 아이디어를 일지에 기록한다.

제4절 실제 공연을 위한 준비

무용에 있어서 '무(nothing)'에서 '유(something)'를 창조하는 작업은 자신이 상상한 특정한 형태나 이미지에 맞는 동작을 만드는 것이다. 앞서 언급했던 동작 발견과 안무 기법에 관한 여러 가지 제안들은 창작 과정의 초기 단계에 많은 도움을 줄 것이다.

◆ 응용

* 창작

1. 그림 1.10을 이용해 제3장에서 만들었던 무용으로 다시 되돌아간다.
2. 그 작품에 대한 의상을 제작하거나, 원래 있었던 의상을 활용한다.
3. 어떤 색깔의 조명이 자신의 작품을 보완할 수 있는지, 어느 조명 구역을 강조할 것인지 고민해 본다.
4. 공연에 특수 효과를 사용할 것인지 생각해 본다.
5. 무대장치와 소도구를 사용할 것인지 생각해 본다.

* 시연

1. 자신이 제작한 의상과 소품, 반주음악을 이용하여 시연해 본다. 가능하면 조명도 준비한다.
2. 무용이나 무대연출에 익숙한 지인에게 자신의 공연을 관람하도록 부탁한다. 공연 시 의상, 소도구, 반주음악, 조명에 유의하여 관찰하도록 부탁한다.
3. 동일한 의상, 소도구, 반주음악, 조명을 사용하여 다시 한 번 공연한 것을 촬영한다.

* 성찰

1. 의상, 소도구, 반주음악, 조명이 공연에 어떤 영향을 미쳤는지 지인과 상의해

본다.

2. 자신이 촬영한 영상을 관찰한다.

3. 자신의 영상 관찰 후에 수정사항이 생겼는지 확인한다.

4. 수정이 필요한 부분이 있다면 수정를 하고 재촬영한다. 전체적으로 개선되었는지 확인한다.

◆ 안무 과제

무용창작 과정에서부터 의상, 조명, 소도구, 무대장치에 대한 고민이 필요하지만 본격적으로 계획하는 것은 마무리 단계에서 이루어진다. 창의적 모형에 따르면 의상, 조명, 무대장치를 계획하는 것은 공연을 준비하는 마지막 단계에서 진행된다. 그러나 다시 처음으로 돌아가 새로운 동작을 발견하거나 재배치가 필요할 때가 있고 전체적인 안무 형식을 수정해야 할 경우도 있다. 다음의 안무 과제는 제3장의 안무 과제에서 만들어진 무용을 활용한 것이다.

* 의상
- 작품에 어울리는 여러 가지 의상을 스케치한다. 그중 하나를 골라 의상 디자이너와 상의한다.
- 무용수들에게 의상을 착용하도록 하고 잘 맞는지 확인한다. 의상을 착용한 채 여러 가지 동작을 시도해 보도록 한다.
- 의상에서 동작에 방해가 되는 요소를 수정한다.

* 블로킹 리허설
- 무대에서 작품 전체를 시연하도록 한다.
- 전체 안무가 무대에 잘 맞는지, 동작에 수정이 필요한지 확인한다.

* 조명과 테크니컬 리허설

- 조명을 어떻게 연출할 것인지 생각해 본다. 색깔, 특수 효과, 조명 구역, 배경 이미지 등을 고려한다.
- 컴퓨터 기술을 이용하여 작품을 향상시킬 수 있는지 확인한다.
- 머릿속으로 구상한 여러 가지 조명 연출을 실제로 실험해 본다. 자신이 생각해 놓은 조명 아래 의상을 착용한 채 무용수가 시연해 보도록 지시하고 그것을 관찰한다. 중간 중간에 수정하고 조명 신호를 다시 만든다.
- 음악과 조명을 함께 하여 전체 작품을 시연해 본다.

* 드레스 리허설

- 의상과 분장을 갖추고 조명과 반주음악과 함께 전체 작품을 시연해 본다.
- 마지막으로 수정사항이 있는지 확인한다. 예를 들어 조명 구역의 중심에서 연기할 수 있도록 의상이나 위치에 수정이 필요할 수 있다.

이 모든 단계를 성공적으로 끝냈다면, 이제 실제 공연을 위한 준비는 모두 완료된 것이다.

부록

부록 1

안무 평가서

다음의 항목들은 1점 혹은 2점으로 채점하며, 소수점을 사용해도 좋다. 예를 들어 1번 항목의 경우 안무가 전체적으로 훌륭했다면 줄 수 있는 점수의 최대치를 기록하라. 부족했다고 느껴지면 소수점을 사용하여 점수를 부여할 수 있고, 형식이나 전개가 전혀 없었다면 0점을 줄 수 있다. 만약 평가가 부담된다면 아래 항목을 바탕으로 작품에 대한 의견이나 제안을 서술할 수도 있다. 추가해야 하거나 수정해야 할 항목이 있으면 자신의 안무 콘셉트를 고려하여 수정한다.

평가 항목	점수
1. 전체 형식: 초반, 중반, 후반	
2. 통일성, 연속성, 흐름	
3. 다양성, 움직임 조절, 시퀀스, 대립	
4. 전체 형식에서의 반복성	
5. 프레이징의 전개	
6. 무용수들 간의 관계, 신체를 활용한 표현력과 창의력	
7. 무대공간 사용: 무대 동선, 무대 구역, 통로, 무대공간 인식	
8. 무용수의 시선과 방향	
9. 관객과의 소통: 안무의도, 아이디어, 느낌, 문제 해결력 등	
10. 움직임의 실행력, 전달력, 생동감	
총점	

▪ **의견**

부록 2

공연 준비 목록

☐ 오디션 일정 계획하기: _____

☐ 스튜디오 리허설 일정 계획하기: _____

☐ 의상 디자인하기: _____

☐ 소도구 디자인하기: _____

☐ 무대장치 디자인하기: _____

☐ 조명디자인 계획안 준비하기: _____

☐ 프로그램북에 필요한 정보 수집하기: _____

☐ 반주음악 녹음하기: _____

☐ 극장 리허설 일정 계획하기: _____

☐ 블로킹 리허설, 일정 계획하기: _____

☐ 테크니컬 리허설, 일정 계획하기: _____

☐ 드레스 리허설, 일정 계획하기: _____

☐ 댄스플로어 체크하기: _____

부록 3

조명디자인 계획안

1. 작품이 몇 개의 장으로 나뉘어 있는가?

_____

_____

2. 어떤 무용 양식의 작품인가? (예: 희극적, 기하학적 등)

_____

_____

3. 각 장의 줄거리와 동작을 간단하게 설명하라.

_____

_____

4. 의상의 색깔을 설명하고, 의상 소재의 원단을 준비하라.

_____

_____

5. 아래 도면에 무대 구역의 위치를 표시하고, 어떻게 사용될 것인지 기술하라.

_____

_____

6. 도면

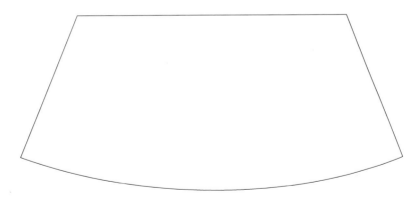

a. 무대장치의 위치를 표시하고, 작품에서 어떻게 사용되는지 간단히 기술하라.

_____

_____

b. 작품에 있어 중요한 동작이 이루어지는 위치를 번호로 표시하고, 특수 효과를 통해 어떠한 영향을 줄 수 있는지 기술하라.

_____

_____

c. 각 특수 효과가 필요한 동작들을 간단히 기술하라.

_____

_____

d. 각 특수 효과를 통해 이루고 싶은 작품의 분위기나 특성을 기술하라.

_____

_____

7. 배경막을 사용할 것인가?

_____

_____

8. 패턴지 또는 고보를 조명에 사용할 것인가?

_____

_____

9. 조명이 작품에 어떠한 효과를 주어야 하는지 자세히 기술하라.

_____

_____

10. 자신의 작품을 본 관객이 어떠한 느낌을 받기를 원하는지 기술하라.

_____

_____

Abeling, R. and E. Ruskin. 1998. Music and sound. In J. Schlaich and B. Dupont(Eds.), *Dance: The art of production*. 3rd ed., Hightstown, NJ: Princeton Books.

Anderson, J. 1997. *Art without boundaries: The world of modern dance*. Iowa City: University of Iowa Press.

Banes, S. 2001. Choreographic methods of the Judson Dance Theater. In A. Dils and A. C. Albright(Eds.), *Moving history/dancing cultures: A dance history reader*. Middletown, CT: Wesleyan University Press.

Banes, S. 1993. *Democracy's body: Judson Dance Theater, 1962-1964*. Durham, NC: Duke University.

Bejarano, J. 2002. This speaking body: The process and the product. *Colorado Dance Alliance News* 21(3): 4.

Birringer, J. 2003 and 2004. Dance and interactivity. *Dance Research Journal* 35(2), 36(1): 88-111.

Birringer, J. 2002. Dance and media technologies. *Performing Arts Journal* 70(1): 84-93.

Blom, L. A. and L. T. Chaplin. 1982. *The intimate act of choreography*. Pittsburgh: University of Pittsburgh Press.

Charlip, R. 1992. Composing by chance. In R. Kostelanetz(Ed.), *Merce Cunningham: Dancing in space and time*, Pennington, NJ: A Cappella.

Csikszentmihalyi, M. 1997. *Creativity: Flow and the psychology of discovery and invention*. New York: Harper Perennial.

Cunningham, G. 1993. *Stage lighting revealed: A design and execution handbook*. Cincinnati: Betterway.

Dilley, B. 1981. Notes from improvisation, open structures. Boulder, CO: Naropa

Institute.

Dils, A. 2002. The ghost in the machine: Merce Cunningham and Bill T. Jones. *Performing Arts Journal* 70(1): 94-104.

Ellfeldt, L. 1967. *A primer for choreographers.* Palo Alto, CA: National Press.

Ellfeldt, L. and E. Carnes. 1971. *Dance production handbook or later is too late.* Palo Alto, CA: National Press.

Foster, S. L. 2001. Simply(?) the doing of it, like two arms going round and round. In A. Dils and A. C. Albright(Eds.), *Moving history/dancing cultures: A dance history reader.* Middeltown, CT: Wesleyan University Press.

Fox, I. R. Ryman and T. Calvert. 2002. Building bridges: From notation to animation. In H. Scheff and R. Bootz, *Dance: A living legacy of building bridges.* Presentation at annual NDEO Conference, Providence, RI.

Gray, J. A. 1989. *Dance instruction: Science applied to the art of movement.* Champaign, IL: Human Kinetics.

Hanrahan, C. and J. H. Salmela. 1990. Dance images—Do they really work or are we just imagining things? *Journal of Physical Education, Recreation and Dance* 61(2): 18-21.

Hanstein, P. Summer 1980. Notes from improvisation workshop. Denton, TX: Texas Woman's University.

Hawkins, A. 1988. *Creating through dance.* Princeton, NJ: Princeton.

Hayes, E. 1955. *Dance composition and production.* New York: Barnes.

Hodges, M. 1995. Computers and dance. *Technology Review* 98(1): 20-22.

Horst, L. and C. Russell. [1963] 1987. *Modern dance forms.* Princeton, NJ: Princeton Books.

Humphrey, D. [1959] 1987. *The art of making dances.* Pennington, NJ: Princeton Books.

Jackson, M. 1999. Dancing in the fast lane: Art and technology make slightly uneasy partners. *Technology Review* 102(3): 92-95.

Jacobsen, M. E. 1999. *The gifted adult: A revolutionary guide for liberating everyday genius.* New York: Ballantine/Random House.

Kaplan, R. 2002. *Rhythmic training for dancers: An interactive guide to music for dancers.* Champaign, IL: Human Kinetics.

Knaster, M. 1996. *Discovering the body's wisdom.* New York: Bantam.

Langer, S. 1957. *Problems of art.* New York: Scribner.

Lavender, L. 1996. *Dancers talking dance: Critical evaluation in the choreography class.* Champaign, IL: Human Kinetics.

Lippincott, G., ed. 1956. *Dance production.* Washington, DC: American Association for Health, Physical Education and Recreation.

Lockhart, A. S. and E. E. Pease. 1982. *Modern Dance: Building and teaching lessons.* Dubuque, IA: Wm. C. Brown.

Maisel, E. 1995. *Fearless creating: A step-by-step guide to starting and completing your work of art.* New York: Tarcher/Putnam.

Marshall, L. 2002. *The body speaks: Performance and expression.* New York: Palgrave Macmillan.

McDonagh, D. 1990. *The rise and fall and rise of modern dance.* Pennington, NJ: A Cappella.

Minton, S. Submitted for publication. *Moving, dancing and learning.*

National Dance Association. 1996. *National standards for dance education: What every young American should know and be able to do in dance.* Reston, VA: Music Educators National Conference.

Naugle, L. M. 1998. Technique/technology/technique. *Dance Research Journal* 30(1): 13-15.

Naugle, L. M. 2002. Distributed choreography: A video-conferencing environment. *Performing Arts Journal* 71(1): 56-62.

Overby, L. Y. 1990. The use of imagery by dance teachers—development and implementation of two research instruments. *Journal of Physical Education, Recreation and Dance* 61(2): 24-27.

Paivio, A. 1971. *Imagery and verbal processes.* New York: Holt, Rinehart & Winston.

Popat, S. 2002. The TRIAD Project: Using Internet communications to challenge students' understandings of choreography. *Research in Dance Education* 3(1): 21-34.

Povall, R. 1998. Dance and technology: Technology is with us. *Dance Research Journal* 30(1): 1-4.

Reid, F. 1993. *Discovering stage lighting.* Oxford: Focal Press/Butterworth-Heinemann.

Reynolds, N. and M. McCormick. 2003. *No fixed points: Dance in the twentieth century.* New Haven, CT: Yale University Press.

Robertson, D. 2000. Basic progressive relaxation script. Available at www.ukhypnosis. com/ProgRela.htm.

Root-Bernstein, R. and M. Root-Bernstein. 1999. *Sparks of genius: The 13 thinking tools of the world's most creative people.* Boston: Houghton Mifflin.

Rossman, M. and D. Bresler. 2004. What is interactive guided imagery? Available at www.academyforguidedimagery.com/whatis.php.

Rugg, H. 1963. *Imagination.* New York: Harper & Row.

Samuels, M. D. and H. Bennett. 1973. *The well body book.* New York: Random House/ Bookworks.

Schiphorst, T. 1992. LifeForms: Design tools for choreography. In A. W. Smith(Ed.), *Proceedings of Dance and Technology I: Moving toward the Future.* Westerville, OH: Fullhouse.

Schneer, G. 1994. *Movement improvision: In the words of a teacher and her students.* Champaign, IL: Human Kinetics.

Schrader, C. A. 2005. *A sense of dance: Exploring your movement potential.* 2nd ed. Champaign, IL: Human Kinetics.

Studd, K. 1983. Ideokinesis, mental rehearsal and relaxation applied to dance technique. Master's thesis. University of Oregon, Eugene.

Swift, C. I. 2004. *Introduction to stage lighting: The fundamentals of theater lighting design.* Colorado Springs: Meriwether.

Taylor, J. and C. Taylor. 1995. *Psychology of dance.* Champaign, IL: Human Kinetics.

Teck, L. 1994. *Ear training for the body: A dancer's guide to music.* Pennington, NJ: Princeton Books.

Topaz, M. 1995. Whose right: How to get the rights to choreograph copyrighted music. *Dance Magazine* 69(5): 52-55.

Turner, M. 1971. *New dance.* Pittsburgh: University of Pittsburgh Press.

Ulrich, D. 2002. *The widening stream: The seven stages of creativity.* Hillsboro, OR: Beyond Words.

Wechsler, R. 1998. Computers and dance: Back to the future. *Dance Research Journal* 30(1): 4-10.

Yeatman, R. 2003. As a fish lives in water, a dancer lives in light. In M. H. Nadel and M. R. Strauss(Eds.), *The dance experience: Insights into history, culture and creativity.* 2nd ed. Hightstown, NJ: Princeton Books.

산드라 커니 민튼 Sandra Cerny Minton

1972년부터 1998년까지 노던콜로라도대학교 교수 및 무용연출가로 활동하였으며, 1999년에 국립무용협회가 선정하는 학자 및 예술가로 선정되었다. 2001년에는 핀란드에서 풀브라이트 학자(Fullbright Scholar)로 활동한 바 있으며, 현재는 공립학교에서 안무가로 활동하고 있다. 다른 저서로는 『Modern Dance: Body & Mind』(1991), 『Dance Mind & Body』(2003)가 있으며, 『Preventing Dance Injuries』(2005)를 공동으로 집필하기도 하였다.

정옥조

숙명여자대학교를 졸업하고 UC 어바인 대학원에서 예술학 석사학위(MFA)를 마친 후 성균관대학교 대학원에서 박사학위(ph.D)를 취득하였다. 제12, 13대 (사)대한무용학회 회장을 역임하였으며, 현재 숙명여자대학교 무용과 교수, (사)대한무용학회 명예회장 및 (사)나는새 공연예술진흥회 이사장을 맡고 있다. 1998년 '나는새 현대무용단'을 창단하여 한국적 정서를 토대로 한 서정적이고 깊이 있는 현대춤의 재발견을 통해 인간의 내재된 본성을 밀도 있게 접근함으로써 새로운 기법의 현대무용을 창출하고 있다. 주요 작품으로는 <가족이야기>, <Variation Ⅰ·Ⅱ·Ⅲ>, <착각>, <無爲>, <Untitled>, <빈배>, <겁(劫)>, <침묵·대답>, <사계>, <Walking Game>, <섬>, <공간>, <사람, 사람들>, <Two Men> 외 다수의 작품이 있으며 국내외 공연활동을 통해 많은 호평을 받은 바 있다.

안무법
즉흥을 활용한 기본적 접근

초판인쇄	2013년 12월 20일
초판발행	2013년 12월 20일

지은이	산드라 커니 민튼 Sandra Cerny Minton
옮긴이	정옥조
펴낸이	채종준

펴낸곳	한국학술정보(주)
주 소	경기도 파주시 문발동 파주출판문화정보산업단지 513-5
전 화	031) 908-3181(대표)
팩 스	031) 908-3189
홈페이지	http://ebook.kstudy.com
E-mail	출판사업부 publish@kstudy.com
등 록	제일산-115호(2000.6.19)

ISBN	978-89-268-5346-7 93680